CW01239043

Wolfenbütteler Schriften
zur Geschichte des Buchwesens

In Zusammenarbeit
mit dem Wolfenbütteler Arbeitskreis
für Geschichte des Buchwesens
und dem Wolfenbütteler Arbeitskreis
für Bibliotheksgeschichte

herausgegeben von der
Herzog August Bibliothek

Band 22

Harrassowitz Verlag · Wiesbaden 1994
in Kommission

Denis Twitchett

Druckkunst und Verlagswesen im mittelalterlichen China

Herausgegeben von
Hartmut Walravens

Mit einem Nachwort von
Helwig Schmidt-Glintzer

Harrassowitz Verlag · Wiesbaden 1994
in Kommission

Jahresgabe für 1995
der Gesellschaft der Freunde der Herzog August
Bibliothek Wolfenbüttel e.V.

Übersetzt von Leonie von Reppert-Bismarck
unter Mitarbeit von Thomas Rütten

Die Deutsche Bibliothek – CIP-Einheitsaufnahme
Twitchett, Denis:
Druckkunst und Verlagswesen im mittelalterlichen China / Denis Twitchett.
Hrsg. von Hartmut Walravens. Mit einem Nachw. von
Helwig Schmidt-Glintzer. [Übers. von Leonie von Reppert-Bismarck
unter Mitarb. von Thomas Rütten]. – Wiesbaden: Harrassowitz, 1994
    Jahresgabe für die Gesellschaft der Freunde der Herzog August
    Bibliothek Wolfenbüttel e.V. ; 1995)
    Wolfenbütteler Schriften zur Geschichte des Buchwesens ; Bd. 22)
    ISBN 3-447-03665-6
NE: 2. GT

Englische Originalausgabe:
The Wynkyn de Worde Society, London 1983
© Denis Twitchett 1994
Alle Rechte vorbehalten
Photomechanische und photographische Wiedergabe nur mit
ausdrücklicher Genehmigung
Gedruckt auf 150 g/m² „BVS matt", chlorfrei gebleicht
Satz: Herzog August Bibliothek Wolfenbüttel
Gestaltung: Jörg Prengel und Oswald Schönberg
Druck: Druckerei Th. Schäfer GmbH, Hannover
Printed in Germany

Inhaltsverzeichnis

- 6   Die Erfindung des Papiers
- 10   Ursprünge der chinesischen Druckkunst
- 18   Frühe Verlagstätigkeit und Buchhandel
- 20   Die Tun-huang-Funde
- 28   Sonstige Hinweise auf die Anfänge des Buchdrucks
- 30   Großeditionen im 10. Jahrhundert
- 30   Die konfuzianischen kanonischen Schriften
- 34   Die Druckkunst unter der Sung-Dynastie
- 36   Die buddhistischen Schriften
- 38   Die taoistischen Schriften
- 40   Drucken von Banknoten
- 42   Kommerzieller Druck in Fukien
- 46   Der Staat und die Druckkunst
- 52   Wirtschaftliche Aspekte des Druckgewerbes unter den Sung
- 54   Holzplattendruck
- 58   Druck mit beweglichen Lettern
- 66   Druckkunst in Korea
- 68   Metallettern
- 70   Die Vorteile des Holzplattendrucks

- 75   Anmerkungen
- 76   Literaturhinweise

- 79   Helwig Schmidt-Glintzer: Die Authentizität der Handschrift und ihr Verlust durch die Einführung des Buchdrucks

Die Erfindung des Papiers wie auch der Druckkunst gehören zu jenen chinesischen Errungenschaften, die einen nicht zu überschätzenden Einfluß auf unsere westliche Kultur gehabt haben, da ohne sie eine preiswerte und weite Verbreitung von Büchern und Wissen, eine der Vorbedingungen für die Entwicklung unserer modernen Welt, nicht möglich gewesen wäre.

Die Erfindung des Papiers

Papier, ohne das die Drucktechnik als solche wohl kaum hätte verwirklicht werden können, wurde der Überlieferung zufolge im ersten Jahrhundert n. Chr., wahrscheinlich in Westchina, von dem Hofeunuchen Ts'ai Lun erfunden. In den letzten fünfzig Jahren entdeckten Archäologen mehrere Proben eines sehr alten, groben Papiers, die sogar noch etwas früher, zumindest in die Regierungszeit Han Wu-ti's (140–87 v. Chr.), datiert werden können. Diese Frühform des Papiers, die überwiegend aus Hanffasern bestand, war sehr grob und konnte daher kaum als Schreibmaterial gedient haben, sondern war wahrscheinlich als Verpackungsmaterial gedacht. Ts'ai Luns Papier wurde aus Seidenlumpen hergestellt, späteres Papier aus Maulbeerrinde, alten Fischernetzen und einer Vielzahl von Naturfasern. Es wird berichtet, daß von Ts'ai Luns Zeit an jeder das neue Material zu verwenden begann.

Die ältesten auf Papier geschriebenen Urkunden, die im Wüstensand der Inneren Mongolei und Sinkiangs entdeckt wurden, stammen erwiesenermaßen aus dem 2. Jahrhundert n. Chr., kurz nachdem Ts'ai Lun sein neues Papier im Jahre 105 am Hofe vorgestellt hatte. Sowohl die Verfahren der Papierherstellung als auch deren Anwendung entwickelten sich schnell. Bis zum 4. Jahrhundert hatte das Papier die Schreibmaterialien, die die Chinesen im Altertum verwandt hatten, wie Holz- bzw. Bambusstreifen, auf denen jeweils eine Zeile Text festgehalten wurde,

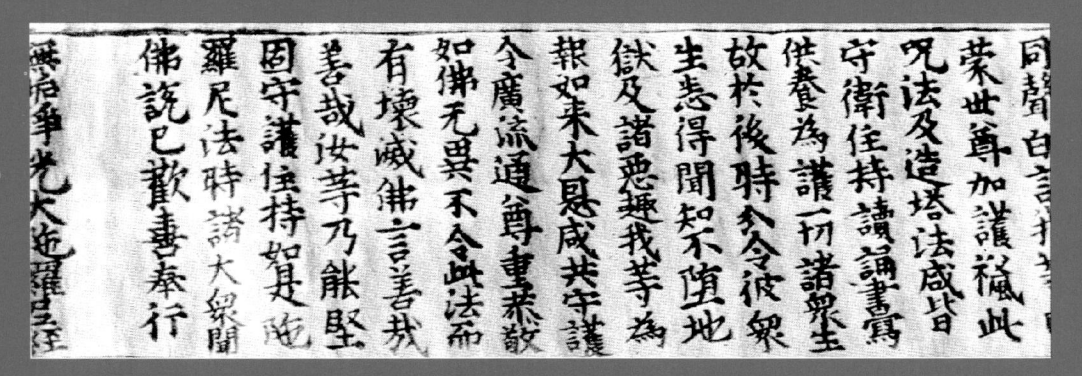

Tafel I: Frühestes überliefertes Druckzeugnis. Ein Ausschnitt der Dhârâni-Schriftrolle, die 1966 in einem Stûpa im Pulguk-sa-Tempel in Kyongju (Korea) entdeckt wurde. Die aus 12 gedruckten Blättern zusammengesetzte Schriftrolle ist 630 cm lang. Jede Textkolumne ist 5,3 cm hoch. Der Text ist spätestens auf das Jahr 751 zu datieren, als der Tempel und die Stûpa vollendet wurden. Er könnte jedoch älter sein. Gest Oriental Library, Princeton University.

oder Seidenrollen fast vollständig verdrängt. Bis zum 4. Jahrhundert erstreckte sich die Nutzung von Papier bis Turfan, und um 500 n. Chr. wurde es beinahe in ganz Zentralasien verwandt. Später im 8. Jahrhundert führten chinesische Kriegsgefangene den Papiergebrauch bei den Arabern in der Gegend um Samarkand ein, und spätestens um 800 n. Chr. wurde Papier in Bagdad hergestellt. Aus dem arabischen Raum gelangte es wahrscheinlich im 11. Jahrhundert nach Europa.

In China selbst hatte sich die Papierherstellung schon zur Zeit der T'ang-Dynastie (618–907 n. Chr.) zu einer hohen Kunst und einem wichtigen Wirtschaftszweig entwickelt. Es gab eine Vielfalt feiner Papierarten, die leicht erhältlich waren. Unter der Masse der versteckten Manuskripte aus dem 5. bis 12. Jahrhundert, die Anfang des 20. Jahrhunderts in Tun-huang im fernen Nordwesten Chinas entdeckt wurde, befinden sich die unterschiedlichsten Papiersorten: Sie reichen von feinem, aus Hanf hergestelltem Papier, das für die Abschrift buddhistischer Schriften benutzt wurde, über Maulbeerbaumrindenpapier unterschiedlicher Qualität, das als offizielles Schreibmaterial sowie für Staatsurkunden benutzt wurde, bis hin zu sehr grobem grauen Papier, das vor Ort hergestellt wurde. Dank der geduldigen Nachforschungen der letzten fünfzig Jahre ist es möglich, einige dieser Papiersorten mit hinreichender Genauigkeit zu datieren.[1] Aus historischen Quellen wissen wir, daß sich das Papiergewerbe in der hügeligen Gegend südlich des Yangtzu im heutigen Chekiang, Süd-Anhui und Kiangsu, in Kiangsi und Hunan konzentrierte. All diese Gegenden schickten als eine Art Tribut Papier in die Hauptstadt. Wir wissen, daß der Staat mit seiner wuchernden Bürokratie Unmengen von Papier verbrauchte. Allein das Finanzministerium benötigte für die jährliche Steuerschätzung mindestens eine halbe Million Bogen Papier.

Zur Herstellung eines Buches wurden die einzelnen Papierbogen, die jeweils etwa 30 mal 45 Zentimeter maßen, durch haarfeine senkrechte Linien in Kolumnen aufgeteilt,

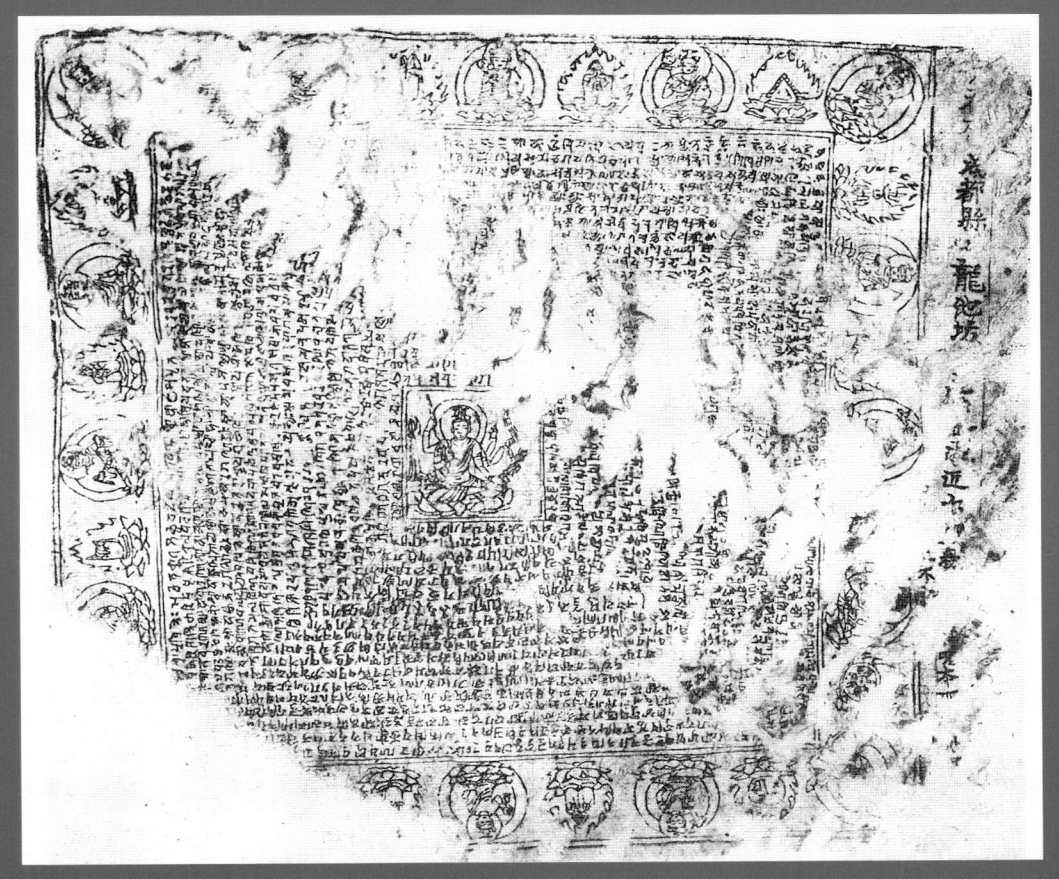

Tafel III: Eine buddhistische Zauberformel, „Dhârani", die zur späten T'ang-Zeit in Ch'eng-tu auf Sanskrit gedruckt wurde. Entdeckt 1944 in einem T'ang-Grab. Teil der Sammlung des Szechwan Provinz-Museums. Veröffentlicht in CKPKTL, Tafel 1. Datum ist unbekannt, doch muß es nach 757 gedruckt worden sein. Angaben zum Drucker und Druckort am rechten Rand auf chinesisch.

druckter Bilder und Formeln lassen sich wahrscheinlich mindestens bis in die 2. Hälfte des 6. Jahrhunderts zurückdatieren. Etwas später lesen wir von der Herstellung solcher gedruckter Darstellungen durch den berühmten buddhistischen Pilger und Übersetzer indischer heiliger Schriften, Hsüan-tsang (602–664).

Die ersten erhaltenen Beispiele des gedruckten Wortes stammen ebenfalls aus einem buddhistischen Kontext, in diesem Fall jedoch nicht aus China, sondern aus Korea und Japan. Im Verlauf einiger Reparaturen an einem Sâkyamuni gewidmeten Steinstûpa im Pulguk-sa-Tempel von Kyongju in Korea wurde im Oktober 1966 ein gedrucktes Dhâranî (buddhistische Zauberformel) entdeckt. Anscheinend sind nur etwa zwei Drittel des Originals erhalten geblieben. Es ist ungefähr 9 Zentimeter breit. Die ganze Schriftrolle muß sehr lang gewesen sein – sie wird auf über 6,5 Meter geschätzt. Da Tempel und Stûpa 751 vollendet wurden, muß das Dokument vor diesem Zeitpunkt entstanden sein. Es enthält viele jener speziellen Schriftzeichen, die von der Kaiserin Wu eingeführt wurden und von 689–705 offiziell in China in Gebrauch waren, sowie die Erwähnung der Chou-Dynastie der Kaiserin Wu, eine Bezeichnung, die zwischen 690 und 705 verwandt wurde. Das Dokument könnte somit aus früherer Zeit stammen, jedoch waren die Schriftzeichen der Kaiserin Wu noch bis ins 9. Jahrhundert häufig in Gebrauch, insbesondere um „authentische" Kopien früherer Texte herzustellen, so daß dieses Argument nicht schlüssig ist. Eines dieser Schriftzeichen ist in dem reproduzierten Abschnitt (Tafel I) in der zweiten Kolumne von links zu erkennen.[2]

Abreibungen auf Papier wurden im 7. Jahrhundert, wenn nicht früher, von den konfuzianischen kanonischen Schriften und anderen auf Stein eingravierten Texten gemacht. Wann genau diese Praxis begann, ist nicht bekannt.

Ähnliche, aber technisch wesentlich schlechtere gedruckte Dhâranîs etwas späterer Entstehungszeit erhielten sich auch in Japan. Japan war während des 8. Jahrhunderts

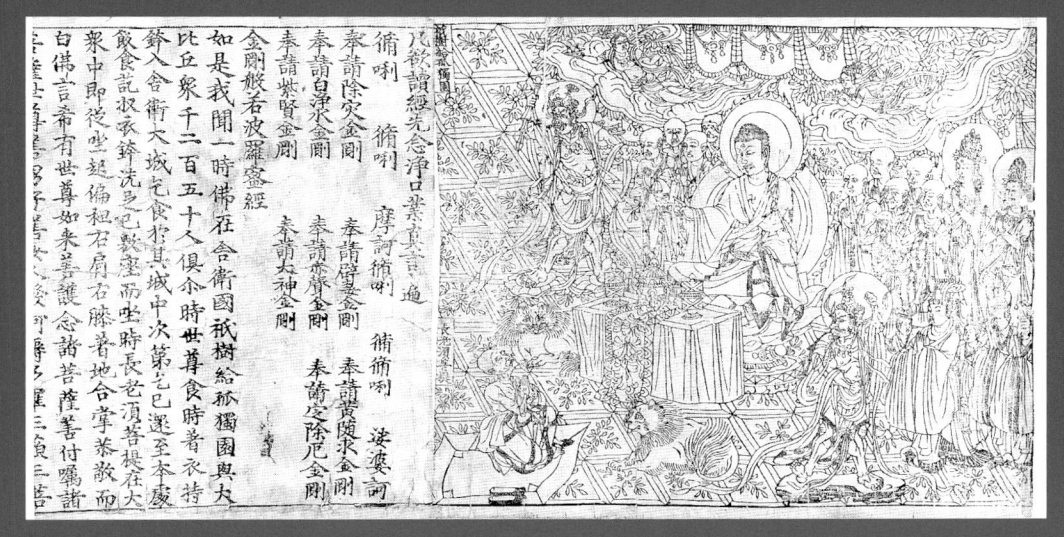

Tafel IVa: Das älteste datierte gedruckte Buch – Diamant-Sûtra *(Chin kang pan-jo po-lo mi ching)*, datiert auf den 15. Tag des vierten Monats des Jahres 868. Frontispiz und Anfang des Textes.

stärker als in jeder anderen Epoche von chinesischer Kultur, insbesondere vom chinesischen Buddhismus, beeinflußt. Während der Regierungszeit der Kaiserin Shôtoku (748-769) stand der japanische Hof praktisch unter der Kontrolle buddhistischer Mönche. 770, oder kurz vorher, beschloß die Kaiserin, das Ende einer Zeit erbitterten Bürgerkrieges mit der landesweiten Verteilung von einer Million kleiner hölzerner Stûpamodelle zu feiern, die jeweils eine gedruckte buddhistische Zauberformel (Dhâranî) enthielten. Die Vervielfältigung solcher Formeln und der Bau von Pagoden für Reliquien stellten traditionelle Wege dar, sich der Erlösung zu vergewissern. Solche frommen Handlungen folgten dem Beispiel der Taten des großen indischen buddhistischen Königs Aśoka. Die mystischen Gebetsformeln der Kaiserin Shôtoku, die, obwohl in chinesischer Schrift, lediglich eine bedeutungslose phonetische Umschrift eines Sanskrittextes darstellten, wurden jedoch nicht durch mühevolles Abschreiben, sondern durch Blockdruck hergestellt. Diese Formeln, von denen noch viele zusammen mit ihren kleinen hölzernen Pagoden erhalten sind (Tafel II), wurden von vermutlich mit Hilfe einer Form aus Ton gegossenen Kupfertafeln, die ungefähr 56 Zentimeter lang und 5 Zentimeter breit waren, auf Papier gedruckt.

Diese Technik wurde mit großer Wahrscheinlichkeit von den Chinesen übernommen, jedoch ist dort kein gedrucktes Material aus solch früher Zeit erhalten.[3] Im folgenden Jahrhundert spricht dagegen eine Fülle literarischer Zeugnisse eindeutig dafür, daß der Blockdruck in China betrieben wurde. So gibt es beispielsweise vage Hinweise darauf, daß man im späten 8. und 9. Jahrhundert im China der T'ang-Zeit gedruckte Spielkarten – übrigens eines der ersten Blockdruckprodukte, das in Europa auftauchte – benutzte. Im Jahre 835 verbot ein kaiserliches Edikt den Verkauf gedruckter, staatlich nicht genehmigter Kalender auf den Märkten, wobei beklagt wurde, daß diese Kalender das ganze Reich überschwemmten. In dem Edikt wurden die einzelnen Regionen, in denen diese

此經乃至四句偈等受持讀誦為人演說其
福勝彼云何為人演說不取於相如如不動何
以故
一切有為法 如夢幻泡影 如露亦如電 應作如是觀
佛說是經已長老須菩提及諸比丘比丘尼優
婆塞優婆夷一切世間天人阿修羅聞佛所說
皆大歡喜信受奉行

金剛般若波羅蜜經

真言

鄔譨𭉖伽 跋帝 鉢羅若 波羅蜜多曳 毗舍耶 毗舍耶
唵 伊失哩 式囉馱
娑婆訶

咸通九年四月十五日王玠為
二親敬造普施

Tafel IVb: „Diamant-Sûtra". Zeigt das Schlußgebet, Datum und den Namen Wang Chieh, „der es im Namen seiner Eltern zur allgemeinen wohltätigen Verteilung hat anfertigen lassen".

gedruckten Kalender besonders verbreitet waren, genannt: das Untere Yangtzu-Tal und Szechwan. Im Jahre 848, liest man, sei die Hagiographie eines berühmten taoistischen Alchemisten gedruckt worden. Einige Jahre vor 880 hatten die buddhistischen Klöster der zweiten Hauptstadt, Loyang, bereits ihre Ordensregel, ein sehr umfangreiches Werk mit über 800 Seiten, gedruckt und erwogen die Herausgabe einer weiteren Auflage. Im Jahre 865 kehrte Shûei, ein japanischer buddhistischer Mönch, nach einem dreijährigen Chinaaufenthalt in seine Heimat zurück und brachte zwei große, in Szechwan gedruckte Wörterbücher, von denen das eine fünf, das andere dreißig Schriftrollen umfaßte, mit.

Die Bedeutung von Szechwan als Zentrum des Druckwesens wird auch durch den schriftlichen Bericht eines Beamten untermauert, der den kaiserlichen Hof begleitete, als dieser im Jahre 881 nach der Eroberung der Hauptstadt durch den Rebellen Huang Ch'ao gezwungen war, in Ch'eng-tu Zuflucht zu suchen. Im Jahre 883 erwähnt er gedruckte Bücher über Wahrsagerei, Geomantik und Traumdeutung, Wörterbücher und Nachschlagewerke, die in einem Teil der Stadt, der deutlich als Buchhändlerviertel in Erscheinung tritt, verkauft wurden. Die Bücher wurden von Holzplatten auf Papier gedruckt, waren im allgemeinen jedoch von schlechter Qualität und enthielten viele unleserliche Passagen.

Solche literarischen Belege zeigen, daß die Drucktechnik im 9. Jahrhundert schon erheblich entwickelt war, obwohl das Druckgewerbe hauptsächlich in den Provinzen angesiedelt war und billige und minderwertige Erzeugnisse hervorbrachte. Auch wurde die Drucktechnik für unterschiedliche Zwecke eingesetzt. Für den offiziellen und religiösen Gebrauch liegt der Vorteil des Druckens zahlreicher Exemplare religiöser Schriften bzw. der Ordensregel auf der Hand, insofern Fehler der Kopisten vermieden wurden. In einer Religion, die die Vervielfältigung religiöser Texte als verdienstvolles Werk wertet, war die Einsparung von Arbeitskraft enorm. Bei billiger Massenware wie Ka-

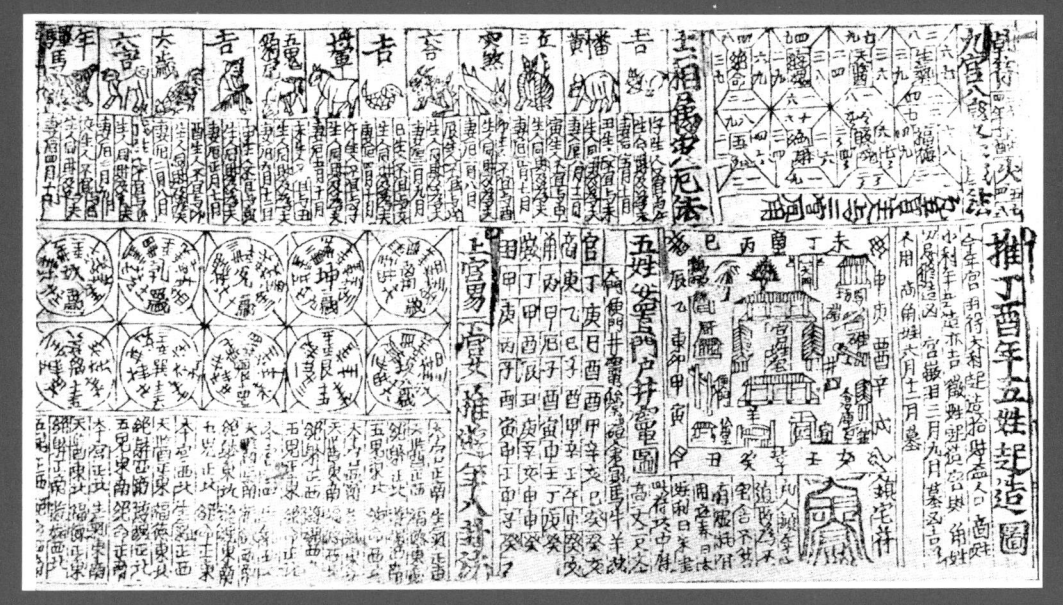

Tafel Va: Teil des gedruckten Kalenders für das Jahr 877. British Library, Stein Collection. (Giles: Chinese manuscripts from Tun-huang, Nr. 8099, S. 6); wiedergegeben aus L. Giles, Six centuries at Tun-huang, London, 1944, Tafel VIII.

lendern oder Almanachen führte die Leichtigkeit und Schnelligkeit der Reproduktion solcher Ephemera zu drastischen Kosteneinsparungen.

Frühe Verlagstätigkeit und Buchhandel

Es ist offensichtlich, daß das Verlagswesen bzw. Buchhandelsgewerbe in China schon vor der Erfindung des Druckes existierte, wobei im mittelalterlichen China das eine kaum vom anderen zu trennen ist. Selbstverständlich finden wir in China seit den frühesten Zeiten Buchhändler. So wissen wir zum Beispiel, daß es in der Hauptstadt der Späteren Han-Dynastie, Loyang, zur Zeit des Wang Ch'ung (27– ca. 100 n. Chr.), Jahrhunderte vor dem Aufkommen der Druckkunst schon Buchhandlungen gegeben hat. Zur T'ang-Zeit wurden handschriftliche Abschriften von Texten, beliebter Gedichte sowie Abreibungen von Steininschriften auf den Märkten der größeren Städte zum Verkauf angeboten. Anfang des 9. Jahrhunderts beschwerte sich der Dichter Yüan Chen (779–831), daß Abschriften seiner Gedichte und denen seines Freundes Po Chü-i (772–846) gegen Tee und Wein getauscht wurden. Zu Beginn seiner Karriere hatte eben jener Po Chü-i eine Reihe von Modellaufsätzen für Prüfungen herausgebracht, die in den Buchhandlungen der T'ang-Hauptstadt, Ch'ang-an (das heutige Sian), Prüfungskandidaten zum Kauf angeboten wurde. In Loyang, der östlichen Hauptstadt, gab es auf dem Südmarkt ebenfalls ein Buchhändlerviertel. Diese ersten Buchhändler handelten vermutlich mit handschriftlichen Kopien, zu deren Anfertigung sie wahrscheinlich bei Bedarf Schreiber beschäftigten, und mit Abreibungen, die von Inschriften gemacht wurden. Die Druckkunst führte zu einem unverzüglichen Anstieg des Bücherangebots und veränderte in den folgenden zwei oder drei Jahrhunderten Verlagswesen und Buchhandel. Ferner machte sie Bücher auch einer wesentlich größeren Öffentlichkeit zugänglich,

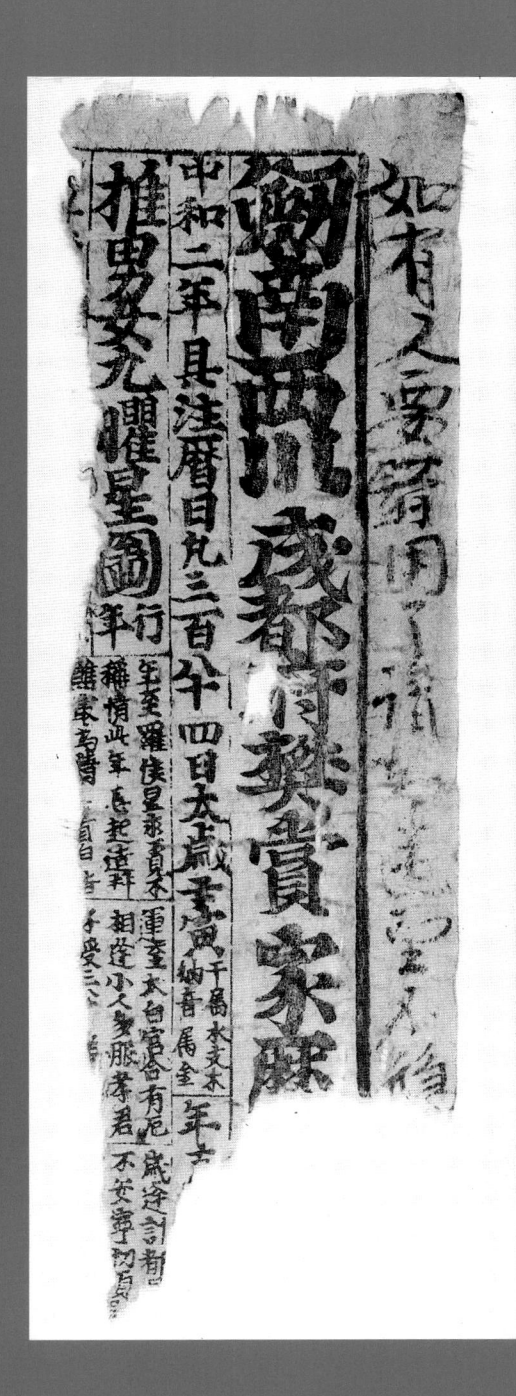

Tafel Vb: Teil des gedruckten Kalenders für das Jahr 882. British Library (Giles: Descriptive catalogue of Chinese manuscripts, 8100, S. 10).

als es vormals der Fall war, als ein Gelehrter auf Grund der Seltenheit und Kostbarkeit von Handschriften völlig auf den Zugang zu einer guten Bibliothek, sei es der seiner Familie oder der eines Freundes bzw. Gönners, angewiesen war. Das Aufkommen der Drucktechnik machte keineswegs billige Ausgaben einer großen Auswahl von Büchern über Nacht verfügbar. Aber nachdem die Druckrevolution einmal begonnen hatte, breitete sie sich unaufhaltsam aus, so daß Anfang des 12. Jahrhunderts das gedruckte Buch überall anzutreffen war. Die langfristige soziale Auswirkung dieser Innovation war einschneidend und weitreichend.

Die Tun-huang Funde

Unsere Kenntnisse über das chinesische Druckwesen im 9. Jahrhundert sind keineswegs nur auf literarische Zeugnisse beschränkt. Die Tatsache, daß sich die Druckkunst in Szechwan schon früh etabliert hatte, wurde bestätigt, als man 1944 in Ch'eng-tu ein Grab aus der späten T'ang-Zeit entdeckte. Auf dem Skelett lag eine kleine Silberglocke, in die eine auf Papier gedruckte buddhistische Zauberformel eingerollt war. Die Formel selbst (vgl. Tafel III) ist ein auf Sanskrit geschriebenes Dhâranî mit einer Auswahl buddhistischer Bilder. Am rechten Rand befindet sich jedoch eine stark beschädigte chinesische Textzeile, die besagt, daß es von einem Drucker namens Pien aus dem Lung-chih-Viertel von Ch'eng-tu gedruckt worden ist. Auf Grund der Bezeichnungen für die Verwaltungsbezirke stammt dieses Dhâranî vermutlich aus einer Zeit nach 757. Eine genauere Datierung ist nicht möglich. Dieser Dhâranî-Druck, der sich jetzt im Provinzmuseum von Szechwan befindet, ist womöglich das älteste erhaltene Beispiel chinesischer Druckkunst.

Wichtiger für unsere Kenntnis der Druckgeschichte sind einige Drucke, die unter den Tausenden von Manu-

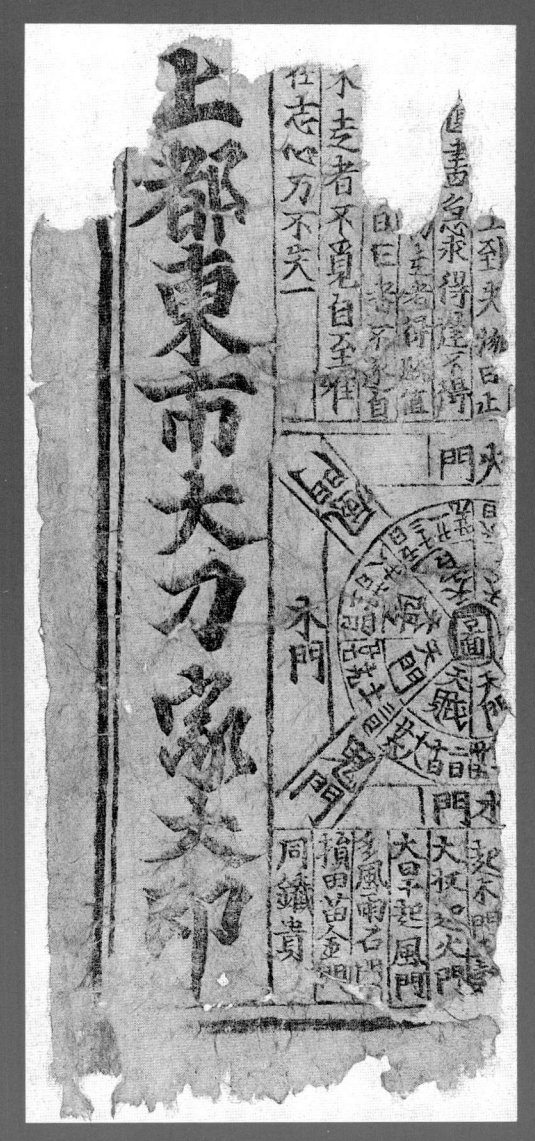

Tafel Vc: Teil eines Kalenders aus dem späten 9. Jahrhundert, British Library. (Giles: Descriptive catalogue of Chinese manuscripts, 8101, S. 12).

skripten zum Vorschein kamen, die zu Beginn unseres Jahrhunderts in einer zugemauerten Kammer in einem der vielen Höhlentempel in Tun-huang, im entlegenen Nordwesten der Provinz Kansu, gefunden wurden. Eines der dort entdeckten Bücher, die berühmte Schriftrolle des Diamantsûtra aus dem Jahre 868, ist der älteste erhaltene und datierte Druck. Er wurde von Sir Aurel Stein aus Tun-huang geborgen und befindet sich heute in der British Library.[4] Im Gegensatz zu der in Ch'eng-tu entdeckten Zauberformel, die primitiv gearbeitet ist und wenig über die älteren Blockdrucke buddhistischer Bilder hinausgeht, zeigt dieses vollständige und schön gedruckte Sûtra, daß nicht alle Drucke des 9. Jahrhunderts von minderwertiger Qualität waren. Das Sûtra enthält eine sorgfältig gezeichnete Illustration als Frontispiz und wurde von sieben einzelnen Blöcken gedruckt, wonach die Einzelbogen zu einer Schriftrolle zusammengeklebt wurden, wie dies bei Handschriften üblich war. Die Schriftrolle ist ca. 5 Meter lang und 30 Zentimeter breit. Leider gibt es keinen Anhaltspunkt, wo und von wem sie gedruckt wurde. Sir Aurel Stein vertrat die Meinung, sie sei wahrscheinlich von Szechwan nach Tun-huang gebracht worden, doch fehlen dafür die nötigen Beweise (vgl. Tafel IVa und IVb).

Eine weitere sorgfältig gedruckte Schriftrolle aus der Sammlung Stein in der British Library ist ein unvollständiges Exemplar des Saddharma-pundarika-sûtra (*Miao-fa lien-hua ching*), das etwa 1,5 Meter lang und 30 Zentimeter breit und womöglich sogar älter als das Diamantsûtra ist.[5] Aus der Art des Papiers, auf das sie gedruckt ist, ist auf das 8. Jahrhundert als Entstehungszeit geschlossen worden, eine gewagte Hypothese. Außer den Stücken aus Tun-huang, die von Sir Aurel Stein nach London gebracht wurden, wurden auch viele von Paul Pelliot nach Paris überführt. Unter letzteren befindet sich eine weitere gedruckte Schriftrolle, ein Exemplar eines buddhistischen mystischen Dhâranî, das vom berühmten Tantrameister Amoghavajra Mitte des 8. Jahrhunderts ins Chinesische transliteriert wurde. Auf Grund verschiedener inhaltlicher

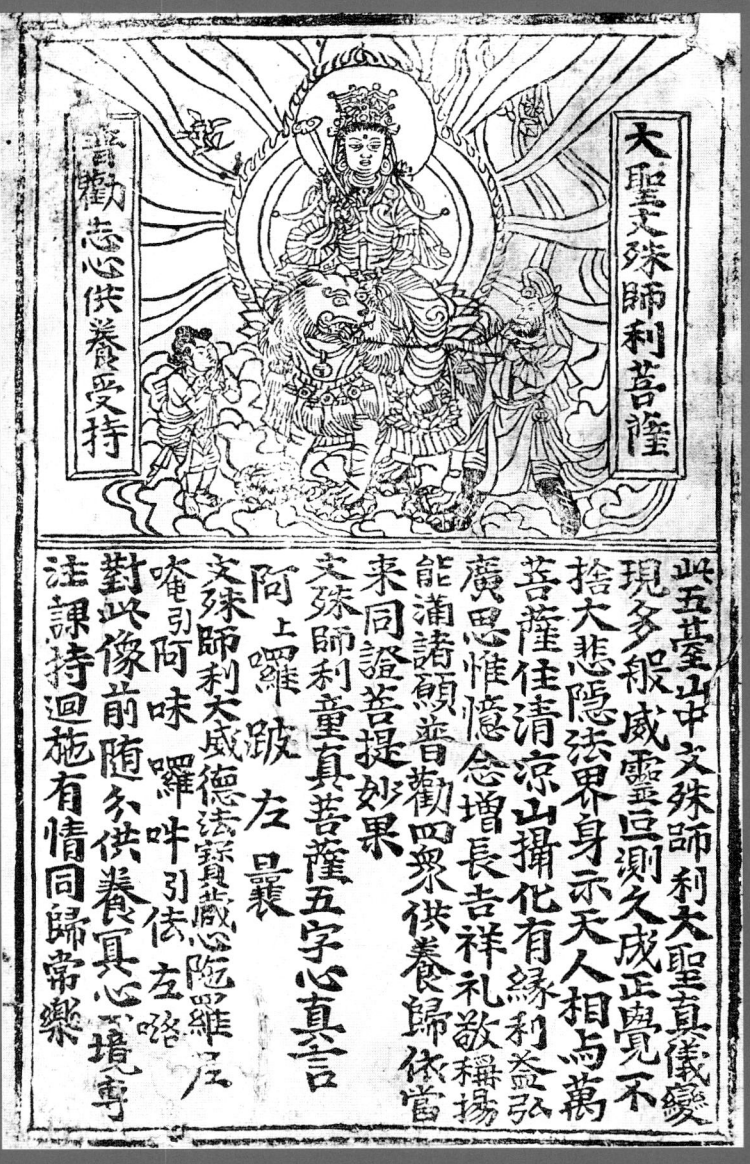

Tafel VI: Bild des Mañjuśrī mit Gebetstext. Gedruckt in Tun-huang in der ersten Hälfte des 10. Jahrhunderts. Nationalbibliothek, Peking. Ähnliche Bilder finden sich in der British Library (Giles: Chinese manuscripts from Tun-huang, Nr. 8088, abgeb. bei Carter-Goodrich, gegenüber von S. 61). CKPKTL, Tafel 2.

Indizien muß dieses Exemplar aus der T'ang-Zeit stammen, d. h. vor 907 n. Chr.[6] Dasselbe gilt für eine jetzt in der British Library aufbewahrte Sammlung buddhistischer Verse des Meisters Yün-pien über die Liebe der Kinder zu den Eltern.[7]

Alle bisher erwähnten Stücke sind religiösen Ursprungs. Die Tun-huang-Funde liefern aber auch einige wichtige Beispiele für den Druck weltlicher Texte. So fand man mehrere Exemplare jener gedruckten Kalender, deren Herstellung im Jahre 835 verboten worden war. Der Kalender für das Jahr 877 ist vollständig erhalten (Tafel Va).[8] Ein nur in Fragmenten erhaltenes Kalenderexemplar für das Jahr 882 wurde in Ch'eng-tu von der Familie eines Mannes namens Fan Shang gedruckt und bestätigt die literarischen Quellen, die Szechwan als Zentrum dieser Art der Druckkunst ausweisen (Tafel Vb).[9] Ein weiterer Kalender für ein unbekanntes Jahr des späten 9. Jahrhunderts ist sogar noch interessanter, da er von der Größeren Familie Tiao auf dem Ostmarkt der Ersten Hauptstadt, Ch'ang-an[10], gedruckt wurde und damit als einziges direktes Zeugnis belegt, daß Kalender selbst in der Hauptstadt, unmittelbar unter den Augen der Behörden, illegal hergestellt wurden. Tatsächlich ist dieses Fragment unser einziger stichhaltiger Beleg überhaupt für Druckaktivitäten in der Hauptstadt. Zu den weiteren interessanten Druckwerken vom Ende des 9. und Anfang des 10. Jahrhunderts gehören Fragmente verschiedener Reimwörterbücher, die in der Bibliothèque Nationale in Paris aufbewahrt werden. Diese Wörterbücher wurden in Szechwan gedruckt, wahrscheinlich zur späten T'ang-Zeit, und stützen abermals die literarische Überlieferung.

Zu den Tun-huang-Funden gehören einige weitere Drucke aus der Mitte des 10. Jahrhunderts, die zeigen, daß die Druckkunst damals sogar bis nach Tun-huang selbst, einer abgelegenen Grenzstadt, vorgedrungen war. Mehrere dieser Stücke waren in den Jahren 947–949 vom dortigen Militärgouverneur, Ts'ao Yüan-chung, einem frommen Buddhisten, in Auftrag gegeben worden. Vier davon[11], die

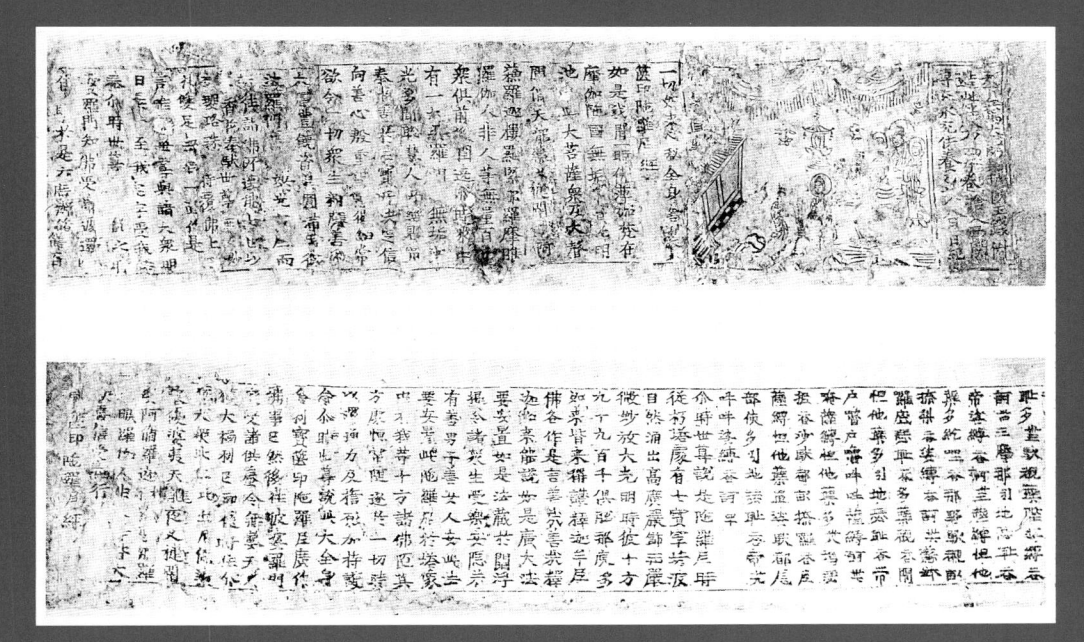

Tafel VII: Ein im Jahre 975 in Hang-chou im Königreich Wu-Yüeh gedrucktes Dhâranî. Entdeckt 1924. CKPKTL, Tafel 3.

sich in der British Library und in der Bibliothèque Nationale befinden, wurden vom *ya-ya* Lei Yen-mei, einem Angehörigen seines Militärpersonals, gedruckt, der als der erste namentlich genannte Drucker (oder „Blockschneider") der Welt gilt, da er in einem Dokument nicht mit seinem militärischen Rang, sondern als Handwerker genannt wird.[12] Demnach wurden sie mit Sicherheit in Tun-huang gedruckt unter Verwendung eines groben, grauen Papiers aus örtlicher Manufaktur.

Ein weiteres Stück in der Sammlung der British Library[13] wurde von Ts'ao Yüan-chung in Auftrag gegeben. Sowohl in der Bibliothèque Nationale als auch in der Pekinger Bibliothek (Tafel VI) gibt es einige ähnliche Gebetsblätter, die ebenfalls mit an Sicherheit grenzender Wahrscheinlichkeit in Tun-huang hergestellt wurden.

Einer dieser von Ts'ao Yüan-chung in Auftrag gegebenen und von Lei Yen-mei geschnittenen Blockdrucke aus Tun-huang ist insofern für die Geschichte des Buchdrucks von Bedeutung, als es sich dabei nicht um eine in Anlehnung an ältere Manuskripte angefertigte Schriftrolle handelt, sondern um ein gefaltetes Buch.[14] Andere Funde aus Tun-huang aus dem späten 9. und frühen 10. Jahrhundert zeigen, daß schon mit einigen Manuskripten so verfahren worden war. Die Schriftrolle war eine sehr unhandliche Buchform, so daß sie im Laufe des 10. Jahrhunderts durch zwei alternative Buchgestaltungen weitgehend ersetzt wurde. Als eine Alternative wurde ein langer fortlaufender Text als Leporello gefalzt, so daß er an jeder beliebigen Stelle aufgeschlagen werden konnte. Diese Buchform wurde und wird noch heute häufig für Ausgaben buddhistischer Schriften verwendet. Im 10. Jahrhundert wurde das gedruckte Buch einen Schritt weiter entwickelt und nahm die Form an, die es bis zur Einführung moderner westlicher Druck- und Bindetechnik in China Ende des 19. und während des 20. Jahrhunderts beibehielt. Die Seiten, die von einzelnen Blöcken gedruckt wurden, wurden nicht mehr wie bei einer Schriftrolle oder einem Leporello zu einem fortlaufenden Text zusammengeklebt. Jede Doppel-

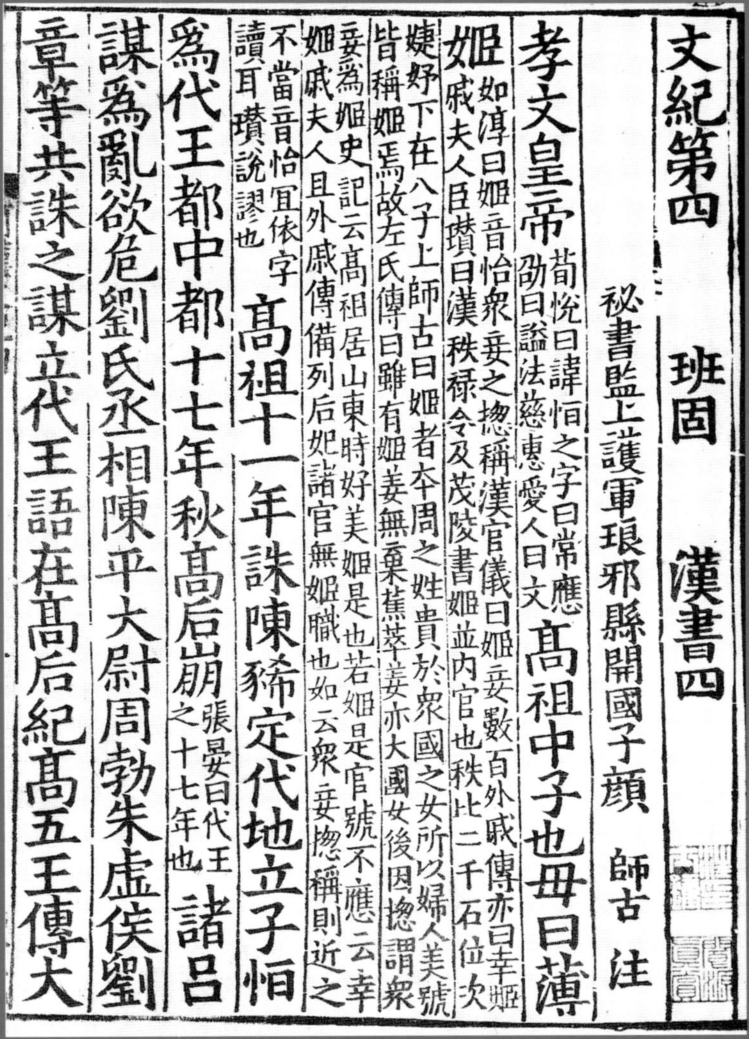
文紀第四　班固　漢書四
秘書監上護軍琅邪縣開國子顏師古注
孝文皇帝荀悅曰諱恒之字曰常應劭曰謚法慈惠愛人曰文高祖中子也母曰薄
姬如淳曰姬音怡衆妾之摠稱漢官儀曰姬妾數百外戚傳亦曰幸姬戚夫人臣瓚曰漢秩禄令及茂陵書姬竝内官也秩比二千石位次婕妤下在八子上師古曰姬者本周之姓貴於衆國之女所以婦人美號皆稱姬焉故左氏傳曰雖有姬姜無棄蕉萃妾亦大國女後因摠謂衆妾爲姬史記云高祖居山東時好美姬是也若姬是官號不應云幸姬戚夫人且外戚傳備列后妃諸官無姬職也如云衆妾摠稱則近之不當音怡宜依字讀耳瓚說謬也高祖十一年誅陳豨定代地立子恒
爲代王都中都十七年秋高后崩張晏曰代王之十七年也諸呂
謀爲亂欲危劉氏丞相陳平大尉周勃朱虚侯劉
章等共誅之謀立代王語在高后紀高五王傳大

Tafel VIII: Früher Druck einer Dynastiegeschichte. Von Gelehrten des 18. und 19. Jahrhunderts, als *Han-shu* von Pan Ku identifiziert, gedruckt von der kaiserlichen Akademie während der Ching-yu-Ära (1034–1038) unter den Nord-Sung; dieses Exemplar ist wahrscheinlich ein späterer instandgesetzter Nachschnitt, der in Hang-chou zur frühen Süd-Sung-Zeit (30er oder 40er Jahre des 12. Jahrhunderts) hergestellt wurde, oder sogar eine spätere instandgesetzte Version dieser Ausgabe, die 1443 in Fukien gedruckt wurde. Auf jeden Fall gibt es getreu die Form der frühesten Ausgaben von Dynastiegeschichten wieder. CKPKTL, Tafel 4.

seite wurde auf eine Seite eines einzelnen Bogens gedruckt, der in der Mitte gefaltet und dessen Vorderfalz nicht aufgeschnitten wurde, während man die Bogen am Innenrand zu einem Faszikel (*ts'e*) zusammennähte, der durch einen Einband aus dickerem Papier geschützt wurde.

Sonstige Hinweise auf die Anfänge des Buchdrucks

Außer den in Tun-huang entdeckten sind mindestens noch drei T'ang-Drucke beschrieben worden, darunter einer angeblich vom Anfang des 8. Jahrhunderts, der jedoch kaum als authentisch gelten kann.[15] Mit Beginn des 10. Jahrhunderts aber enthalten andere Quellen Druckbeispiele. Anfang unseres Jahrhunderts wurde ein Blockdruck des Diamantsûtra aus dem Jahre 984 im Inneren einer Buddhastatue entdeckt, die 985 von China nach Japan gebracht worden war. Ein Exemplar einer wahrscheinlich in der Provinz Shensi gedruckten Ausgabe aus dem Jahre 1016 wurde 1908 in der Nähe von Kara-choto in der Mongolei entdeckt.

Mehrere Exemplare eines Dhâranî, das im 8. Jahrhundert von Amoghavajra ins Chinesische transliteriert und 956 sowie 975 im unabhängigen Königreich Wu-Yüeh (im heutigen südlichen Kiangsu und Chekiang) gedruckt wurde, sind ebenfalls erhalten (Tafel VII). Der König von Wu-Yüeh, der wie die Kaiserin Shôtoku ein tiefgläubiger Buddhist war, beschloß im Jahre 975, Kaiser Aśokas Verteilung von religiösen Schriften und Pagoden nachzuahmen, und ließ daher 84.000 gedruckte Zauberformeln sowie 84.000 kleine Pagoden als deren Behältnisse in seinem Reich verteilen in der Hoffnung, sich besondere Verdienste zu erwerben. Mehrere Exemplare und Pagoden sind erhalten geblieben.

三藏聖教序

唐太宗文皇帝製

蓋聞二儀有像顯覆載以含生四時無形潛寒暑以化物是以窺天鑑地庸愚皆識其端明陰洞陽賢哲罕窮其數然而天地包乎陰陽而易識者以其有像也陰陽處乎天地而難窮者以其無形也故知像顯可徵雖愚不感形潛莫覩在智猶迷況乎佛道崇虛乘幽控寂弘濟萬品典御十方舉威靈而無上抑神力而無下大之則彌於宇宙細之則攝於毫釐無滅無生歷千劫而不古若隱若顯運百福而長今妙道凝玄遵之莫知其際法流

天一

Tafel IXa: Sung-Druck des buddhistischen Kanons. Teile des Vorworts des T'ang-Kaisers T'ai-tsung (A) und Beginn des Mahāprajñāpāramitā-sūtra (B), übersetzt von Hsüan-tsang. Aus der in den Jahren 1225–1232 gedruckten Ausgabe. Das Exemplar befindet sich in der Gest Oriental Library, Princeton University.

Großeditionen im 10. Jahrhundert

Obwohl solche eigentlich eher unbedeutende Drucke buddhistischer Texte heutzutage ihren Wert darin finden, daß sie überhaupt Überreste von Druckerzeugnissen darstellen und die Verbreitung der Druckkunst in neue Gegenden Chinas dokumentieren, wurden sie in ihrer Entstehungzeit völlig in den Schatten gestellt von Druckunternehmungen wahrhaft monumentalen Ausmaßes, die im zweiten Viertel des 10. Jahrhunderts begonnen wurden und die erstmalig einschneidende Auswirkungen der Druckkunst auf die chinesische Lesekultur als Ganzes hatten. Bis zu diesem Zeitpunkt lag der Haupteinsatz der Drucktechnik entweder bei kleineren, praktischen Texten, für die es einen großen Markt gab, oder bei buddhistischen und taoistischen religiösen Schriften, deren Vervielfältigung – unabhängig von der Nachfrage oder vom Leserkreise – dem Auftraggeber Verdienste eintrug. Bislang war die Druckkunst demnach im wesentlichen ein privates Unterfangen und in einigen Fällen ein illegales Geschäft gewesen. Die Zukunft sollte dies ändern.

Die konfuzianischen kanonischen Schriften

Wie so vieles aus der frühen Druckgeschichte Chinas nimmt diese neue Entwicklung ihren Anfang in Szechwan. Nachdem das T'ang-Reich 907 endgültig zusammengebrochen war, wurde China in unabhängige Regionalstaaten geteilt. Einem dieser Staaten, Shu, unterstand Szechwan. In Zentral- und Nordost-China folgten unsichere und kurzlebige Regierungen, die sogenannten Fünf Dynastien, die allesamt die rechtmäßige Nachfolge des T'angreiches für sich beanspruchten, in kurzen Zeitabständen aufeinander. Eine dieser Dynastien brachte Szechwan vorübergehend zwischen 925 und 934 unter ihre Herrschaft. Zwei ihrer Minister, Feng Tao und Li Yü, waren von

大般若波羅蜜多經卷第一

唐三藏法師玄奘奉詔譯

初分緣起品第一之一

如是我聞一時薄伽梵住王舍城鷲峯山頂與大苾芻眾千二百五十人俱皆阿羅漢諸漏已盡無復煩惱得真自在心善解脫慧善解脫如調慧馬亦如大龍已作所作已辦棄諸重擔逮得已利盡諸有結正知解脫至心自在第一究竟除阿難陀獨居學地得預流果大迦葉波而為上首復有五百苾芻尼眾皆阿羅漢大迦葉波而為上首復有無量鄔波索迦鄔波斯迦皆見聖諦復有無量

der von einem Shu-Minister namens Wu Chao-i besorgten gedruckten Ausgabe des *Wen-hsüan*, der allerberühmtesten literarischen Anthologie, derartig beeindruckt, daß sie beschlossen, eine orthodoxe Standardausgabe des gesamten Kanons konfuzianischer Schriften als Blockdruck herauszugeben. Die Vorbereitung und Redaktion dieses gewaltigen Projektes unterlag der Aufsicht der Nationalakademie in Loyang. Im Verlauf von vier kurzlebigen Dynastien machte das Unternehmen langsam Fortschritte, bis das gesamte Werk im Jahre 952 dem Kaiser vorgestellt und Exemplare der Klassiker zum Verkauf angeboten wurden. So traurig es klingt, das erste große Druckprojekt der Welt endete mit einer Anzeige wegen Unterschlagung gegen seinen Direktor, T'ien Min. Doch solche Vorwürfe wurden schnell vertuscht. Währenddessen produzierte das Königreich Shu, das seine Unabhängigkeit wiedererlangt hatte, in Szechwan eine eigene konkurrierende Standardausgabe des konfuzianischen Kanons, die als Textgrundlage die standardisierte Fassung der kanonischen Texte benutzte, die zwischen 944 und 951 in der Hauptstadt dieses Reiches, Ch'eng-tu, in Stein gemeißelt worden war.

Der Druck der kanonischen Schriften des Konfuzianismus verschaffte der Druckkunst ein völlig neues Ansehen. Die konfuzianischen Klassiker bildeten die Grundlage jeder Elite-Ausbildung, und sie waren der Kernbestand des Lehrplans innerhalb des staatlichen Prüfungssystems, das die Mehrheit der Beamten durchlief. Sie waren Quelle der offiziellen Ideologie und Dreh- und Angelpunkt jeglicher politischer Debatten. Dem Staat war es schon seit geraumer Zeit ein Anliegen, einen standardisierten einheitlichen orthodoxen Text des Kanons zur allgemeinen, leicht zugänglichen Benutzung zur Verfügung zu haben. Solche „autorisierten Versionen" waren sowohl in der Hauptstadt Ch'ang-an im Jahre 837 als auch, wie wir gesehen haben, in Ch'eng-tu im Königreich Shu in Stein gemeißelt worden. Die neue Druckausgabe aus Loyang folgte dem Text von 837 und fügte einen Standardkommentar hinzu. Die Druckausgabe dieses Textes sorgte dafür, daß alle Exem-

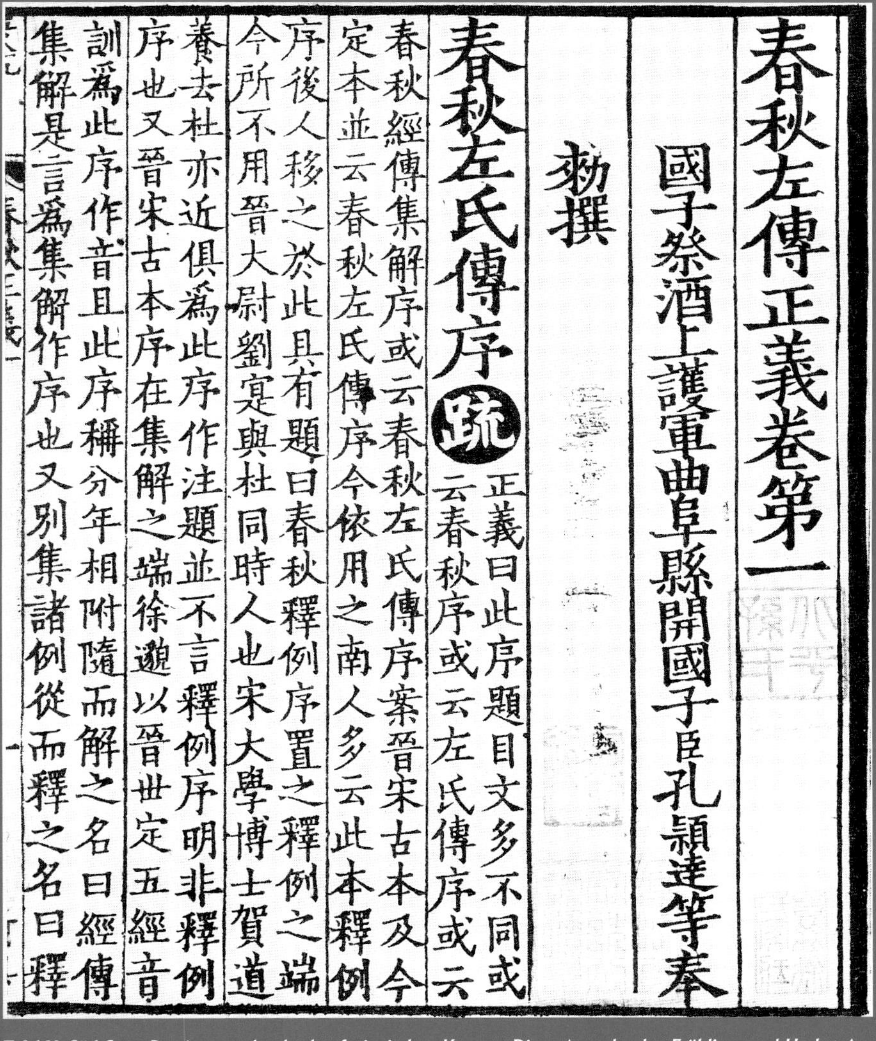

春秋左傳正義卷第一

國子祭酒上護軍曲阜縣開國子臣孔穎達等奉

勅撰

春秋左氏傳序疏

正義曰此序題目文多不同或云春秋序或云左氏傳序或云春秋左氏傳序案晉宋古本及今定本並云春秋左氏傳序今依用之南人多云此本釋例序後人移之於此具有題曰春秋釋例序置之釋例之端今所不用晉大尉劉寔與杜同時人也宋大學博士賀道養去杜亦近俱為此序作注題並不言釋例序也又晉宋古本序在集解之端徐邈以晉世所定五經音訓為此序作音且此序稱分年相附隨而解之而釋之名曰經傳集解是言為集解作序也又別集諸例從而釋之名曰釋

Tafel X: Süd-Sung Provinzausgabe des konfuzianischen Kanons. Diese Ausgabe der *Frühling- und Herbst-Annalen* mit der *Überlieferung des Herrn Tso* wurde im Jahre 1200 von der Provinzregierung in Shao-hsing gedruckt, um eine Ausgabe des konfuzianischen Kanons zu vervollständigen, dessen Veröffentlichung ursprünglich vom Amt für das Tee- und Salzmonopol der Che-tung-Provinz unternommen worden war. Das Exemplar wurde möglicherweise in Hang-chou gedruckt, wobei Druckstöcke benutzt wurden, die in der Yüan-Zeit (1280–1367) neu geschnitten und instandgesetzt worden waren. CKPKTL, Tafel 79.

plare identisch waren und Schreibfehler ausgeschlossen wurden. Der Staat sorgte auch für den Vertrieb und lernte sehr bald die Druckkunst nicht nur als Instrument zu schätzen, Bücher auf breiter Basis zur Verfügung zu stellen, sondern auch als Mittel zur Beförderung staatlicher Kontrolle und Indoktrination. Das Drucken des enorm wichtigen Corpus der konfuzianischen Klassiker wurde zum Staatsmonopol erhoben, und ein Jahrhundert lang (bis 1064) waren alle privaten Druckausgaben dieses Kanons verboten.

Die Druckkunst unter der Sung-Dynastie

Im Jahre 960 gelangte im Norden Chinas eine neue Dynastie, die Sung, an die Macht, der es bis 979 gelang, ganz China zu vereinigen. Die Sung-Zeit (960–1279) war einer der bedeutendsten Höhepunkte chinesischer Kultur, besonders auf dem Gebiet der visuellen Künste, und sie erlebte die erste und, wie manche sagen würden, die größte Blütezeit des Holzplattendrucks. Obwohl nie an die brilliante technische Virtuosität der späten Ming- und frühen Ch'ing-Blockdrucker mit ihren Mehrfachdrucken, Vielfarbendrucken usw. heranreichend, setzten der Stil, die Kalligraphie und Technik der Sung-Drucker einen Maßstab, der in späteren Jahrhunderten ständig nachgeahmt, aber an Schönheit niemals übertroffen wurde. In späteren Jahrhunderten machten Blockdrucker mit dem Qualitätsprädikat „Sung-Stil" auf ihre bessere Ware aufmerksam, und selbst heute wird eine der verbreitetsten chinesischen Schrifttypen „Alt-Sung" genannt.

Große staatliche Druckprojekte, die auf die Herstellung von Standardausgaben orthodoxer Literatur zielten, wurden weiterhin unternommen. Die Nationalakademie publizierte eine Flut zusätzlicher Kommentare zum konfuzianischen Kanon, Enzyklopädien, literarische Anthologien und Wörterbücher. Als Szechwan im Jahre 965 endlich

資治通鑑卷第五

朝散大夫右諫議大夫權御史中丞充理檢使上護軍賜紫金魚袋臣司馬光奉

勅編集

周紀五 起屠維赤奮若盡閼逢大荒落凡十七年

赧王下

四十三年楚以左徒黃歇侍太子完為質于秦 秦置南陽郡

秦魏楚共伐燕 燕惠王薨子武成王立

四十四年趙藺相如伐齊至平邑趙奢收租稅平原君家不肯出趙奢以法治之殺平原君用事者九人平原君怒將殺之趙奢曰君於趙為貴公子今縱君家而不奉公則法削法削則國弱國弱則諸侯加兵是無趙也君安得有此富乎以君之貴奉公如法則上下平上下平則國彊國彊則趙固而君

dem Sung-Reich einverleibt wurde, wurde Wu Chao-i, der Initiator der staatlich gelenkten Großeditionen in Szechwan, mit den Druckplatten seiner Ausgaben in die Hauptstadt des Sung-Reiches, K'ai-feng, gebracht. Ende des 10. Jahrhunderts nahm die Nationalakademie das noch größere Projekt in Angriff, eine gedruckte Standardausgabe der 17 Annalen aller früheren chinesischen Dynastien zu publizieren. Dieses riesige Unternehmen wurde in den Jahren 994 bis 1063 vollendet, wobei einige der Geschichtswerke in mehr als einer Ausgabe herauskamen (Tafel VIII).

Die buddhistischen Schriften

Ein sogar noch erstaunlicheres Druckvorhaben war inzwischen in Ch'eng-tu in Szechwan in Angriff genommen worden. Gemeint ist ein Blockdruck der gesamten buddhistischen Schriften, des Tripitaka, ein Projekt, das in der Zeit von 971 bis 983 abgeschlossen wurde und dem im folgenden Jahrzehnt ein Supplement folgte. Diese Arbeit wurde auf Befehl des Kaisers durchgeführt, die fertigen Stöcke wurden im Jahre 983 nach K'ai-feng transportiert und das Werk offiziell dem Kaiser übergeben. In der Hauptstadt wurde ein gesondertes Amt für den Druck des buddhistischen Kanons eingerichtet, um die zahllosen Druckplatten lagern zu können. Es wurden nicht weniger als 130.000 Platten benötigt, die 130 Abschnitte eines eigens hierfür erstellten Lagerhauses belegten. Die buddhistischen heiligen Schriften wurden im Gegensatz zum konfuzianischen Kanon oder den dynastischen Geschichtswerken in traditioneller Form, d. h. als fortlaufende Schriftrollen hergestellt, von denen einige 20 Meter oder länger waren. Später, im 11. Jahrhundert, wurde in Fu-chou in der Provinz Fukien eine neue Version der buddhistischen Schriften gedruckt, die als Leporellos aufgemacht war, um das Lesen und Nachschlagen zu erleichtern. Diese neue Ausgabe

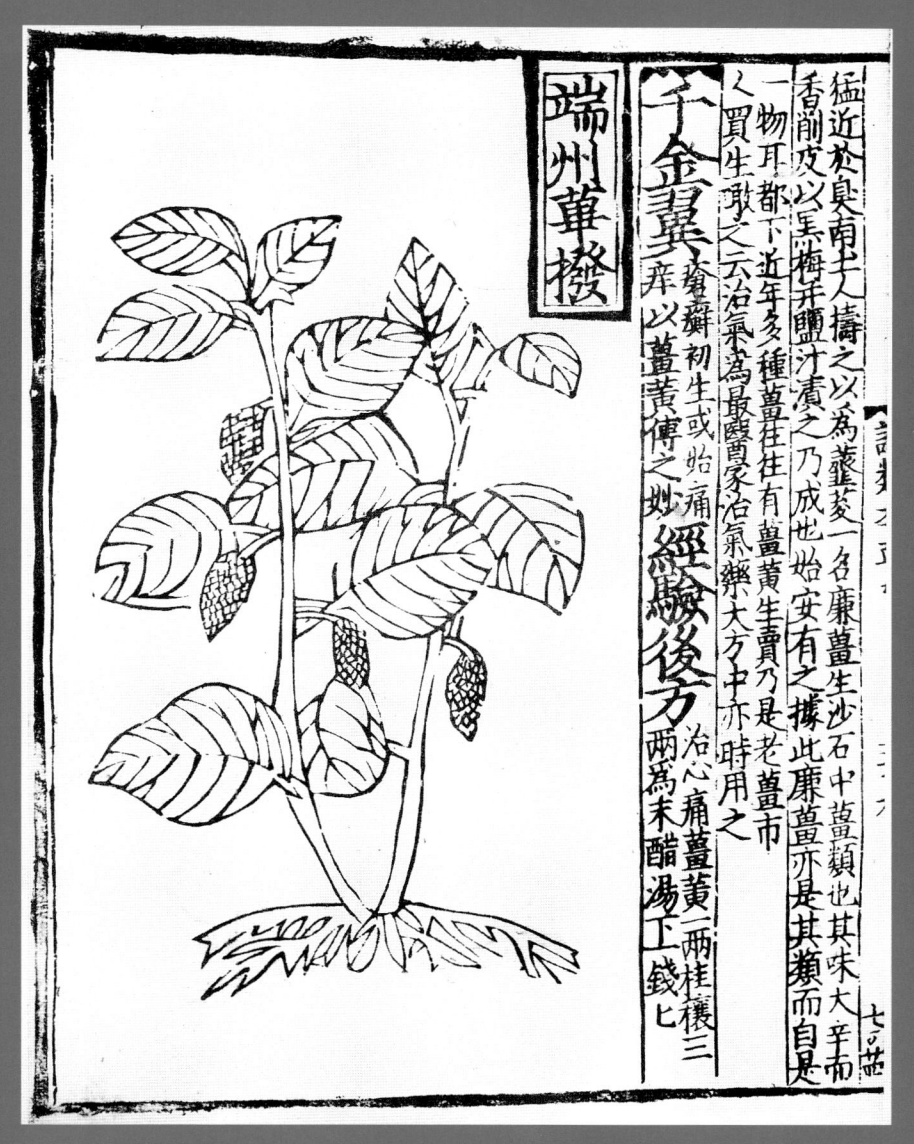

Tafel XII: Illustriertes Arzneimittel-Handbuch der Sung-Zeit. Seite aus dem *Ching-shih cheng-lei pei-chi pen-ts'ao* des T'ang Shen-wei, verfaßt um 1082, gedruckt 1211 von Liu Chia, Präfekt von T'ung-ch'uan (d. i. Tzu-chou) in Szechwan. Nach dem ersten Druck im Jahre 1108 war dies die Standardpharmakopöe der Sung-Zeit. Sie wurde im Jahre 1116 sowie 1249 überarbeitet und neu gedruckt. CKPKTL, Tafel 247

uns darauf hin, daß die Provinz Fukien, die bis ins 9. Jahrhundert eine dünn besiedelte, kulturelle Öde gewesen war, im 10. und 11. Jahrhundert zu einem wichtigen literarischen Zentrum wurde. Sie sollte während der Sung-Zeit eines der bedeutendsten Zentren chinesischer Druckkunst werden und ihre Vorrangstellung noch über Jahrhunderte behalten.

Die buddhistischen heiligen Schriften wurden bis zum Ende des 13. Jahrhunderts noch in verschiedenen anderen Ausgaben gedruckt (Tafel IX). Daß solch eine umfangreiche Edition mehrmals unternommen wurde, wenn auch nur als religiöse Propaganda oder um Verdienste anzusammeln, vermittelt uns einen Eindruck vom Ausmaß des Druckwesens in der Sung-Ära. Die buddhistischen Schriften wurden zudem im gleichen Zeitraum unter den Fremddynastien der Khitan (Liao) und Jurčen (Chin) in Nordchina, in Korea, und durch den Tangutenstaat (Hsi-Hsia) in Nordwest-China in der jeweiligen Sprache und Schrift gedruckt.

Die taoistischen Schriften

Die religiösen Konkurrenten der Buddhisten, die Taoisten, gerieten nicht ins Hintertreffen. Anfang des 11. Jahrhunderts wurden die taoistischen Schriften wie zuvor das buddhistische Tripitaka in einem formalen Kanon zusammengestellt und kurz nach Abschluß der redaktionellen Arbeit im Jahre 1019 in K'ai-feng gedruckt. Auch dieses Unterfangen war beeindruckend. Uns ist bekannt, daß für eine zweite Auflage, die in Nordchina unter den Chin zwischen 1186 und 1191 vorbereitet wurde, 83.198 Stöcke benötigt wurden. In Nordchina erfuhr der Taoismus zwischen dem 12. und 14. Jahrhundert eine Renaisssance, und unter den Mongolen wurde im 13. Jahrhundert in T'ai-yuan in der Provinz Shansi eine weitere vollständige Ausgabe des taoistischen Kanons gedruckt.

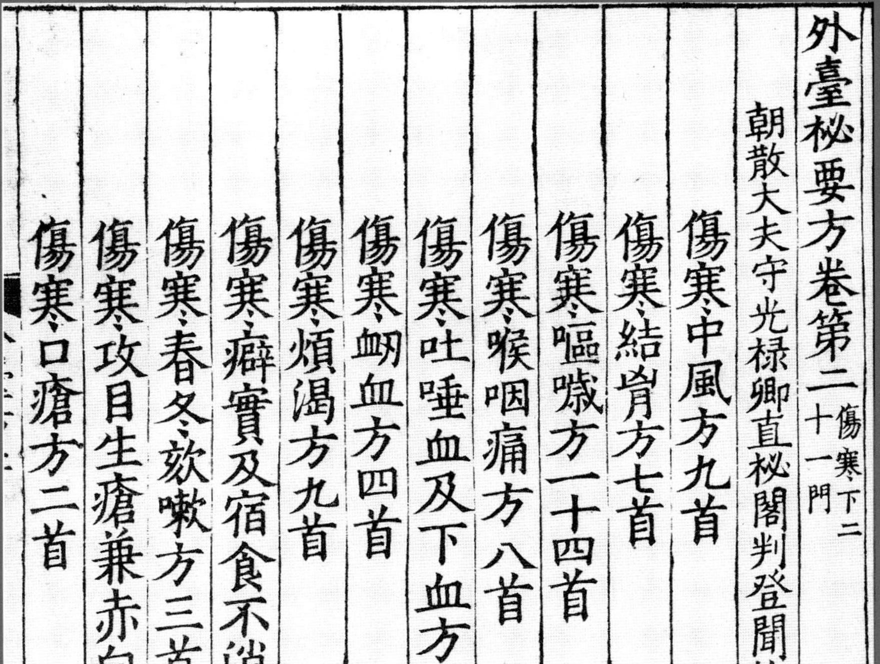

外臺秘要方卷第二十一 傷寒下二

朝散大夫守光祿卿直祕閣判登聞檢院上護軍臣林億等上進

傷寒中風方九首
傷寒結胸方七首
傷寒嘔噦方一十四首
傷寒喉咽痛方八首
傷寒吐唾血及下血方三首
傷寒衄血方四首
傷寒煩渴方九首
傷寒癖實及宿食不消方二首
傷寒春冬欬嗽方三首
傷寒攻目生瘡兼赤白翳方六首
傷寒口瘡方二首

Tafel XIII: Süd-Sung-Ausgabe einer medizinischen Abhandlung. Aus dem *Wai-t'ai pi-yao fang*, „Rezepte aus dem Wai-t'ai pi-yao", das im Jahre 752 von Wang Tao vollendet worden war. Diese Ausgabe wurde um 1140 vom Amt für das Tee- und Salzmonopol der Provinz Liang-che in Shao-hsing gedruckt. CKPKTL, Tafel 75.

Diese gewaltigen Projekte sind lediglich die spektakulärsten Errungenschaften auf dem Gebiet der Druckkunst unter der Sung-Dynastie, die vom Staat oder von religiösen Gemeinschaften gefördert wurden. Immer schneller entstanden neue Druckzentren, und mit dieser Verbreitung der Drucktechnik ging eine unglaubliche Vermehrung gedruckter Materialien einher. Zahlreiche Ministerien der Zentralregierung, Behörden der regionalen Verwaltung und Regionalbeamte übernahmen auf einer quasi-offiziellen Grundlage das Drucken verschiedenster Bücher; es erschienen unter ihrer Aufsicht kanonische Schriften und Kommentare, Musterprüfungsaufsätze zum Gebrauch in Schulen, Werke über Institutionen und Lokalgeschichte, Anthologien und literarische Werke und alle Arten praktischer Handbücher über Themen wie Medizin, Botanik und Landwirtschaft (Tafel X–XIII). Viele Privatleute druckten ihre eigenen Bücher, sowohl literarischer als auch praktischer Natur, oder sie druckten einfach seltene Werke nach, um sie zu verkaufen.

Drucken von Banknoten

Die Regierung nutzte die neue Technik sehr bald zur Behebung ihrer eigenen finanziellen Probleme, indem sie Papiergeld druckte (Tafel XIV). Papiergeld war zuerst in Szechwan, der Heimat des Druckgewerbes, aber auch einer Region mit chronischem Mangel an Kupfermünzen, im Umlauf. Anfang des 11. Jahrhunderts erteilte die Regierung zunächst einer Gruppe von Kaufleuten aus Ch'eng-tu die Lizenz zur Papiergeldausgabe. Im Jahre 1023 wurde für die Ausgabe von Papiergeld ein eigenes Regierungsamt eingerichtet und ein Staatsmonopol eingeführt. Der berauschenden Aussicht, Geld nach Belieben zu vermehren, vermochte die Sung-Regierung, wie andere auch, nicht zu widerstehen. Vom letzten Viertel des 11. Jahrhunderts an stand die chinesische Wirtschaft im Zeichen von Inflation

Tafel XIVa: Ältestes überliefertes Beispiel einer chinesischen Banknote. Ein *chiao-tzu* aus Nord-Sung (zwischen 1023 und 1107), gültig in allen Provinzen, außer Szechwan, für den amtlichen und privaten Zahlungsverkehr. Aus: *Chung-kuo li-tai huo-pi* (Peking 1982), S. 49. Gest Oriental Library, Princeton University.

Tafel XIVb: Banknote aus der Yüan-Zeit (Mongolei), *Chung-t'ung yüan-pao chiao-ch'ao*, im Gegenwert von einer Schnüre (1000) Cash. Aus: *Chung-kuo ku-ch'ao t'u-chi* (Peking 1957), S. 25. Das Original befindet sich in den Sammlungen der Ermitage (St. Petersburg). Gest Oriental Library, Princeton University.

und wiederholter Papiergeldentwertung. Die Mongolen wiederum benutzten Papiergeld überall, nicht nur in China, sondern auch in Teilen ihres Reiches in Zentralasien und Persien.

Kommerzieller Druck in Fukien

Nicht nur Regierungsbehörden oder Mitglieder der Elite wirkten im Druckgewerbe mit. Unter der Sung-Dynastie entstand auf breiter Front ein kommerzielles Druckgewerbe. Die Herstellung populärer Billigausgaben begann in der frühen Sung-Ära in jenen zwei Gegenden der Provinz Fukien, die während der Ming-Dynastie (1368–1644) im Bereich billiger Massenpublikationen den Markt beherrschen sollten. In der Nähe von Chien-yang lagen zwei Städte, Ma-sha und Shu-fang, in denen Druckerfamilien über Generationen ein breites Sortiment von Büchern herstellten (Tafel XV–XVIII).

Ma-sha hatte einen schlechten Ruf, da dort minderwertige Blöcke aus weichem Banyanholz verwandt wurden, das zwar leicht zu schneiden war, aber schlechte Abdrucke lieferte. Die Stadt war auch berüchtigt für die Herstellung billiger, gekürzter Raubdrucke, deren Titel gleichlautend mit denen der vollständigen Originalausgaben waren, denen sie entnommen wurden. Auch publizierten sie nicht authentische Bücher, die sie als Werke bekannter Autoren ausgaben. Wie die erhaltenen Stücke zeigen, waren jedoch nicht alle in Ma-sha gedruckten Bücher von minderwertiger Qualität. Die nahe gelegene Stadt Shu-fang (wörtlich „Buchviertel") soll schon vor der Druckära ein Zentrum für Buchhandel gewesen sein. Sie war die Heimat einer Drucker- und Verlegerfamilie namens Yü, die von der Sung-Periode bis ins 17. Jahrhundert hinein berühmt war. Schon unter der Sung-Dynastie ließ diese Familie Papier mit eigenem Wasserzeichen in anderen Teilen Chinas als Sonderanfertigung herstellen.

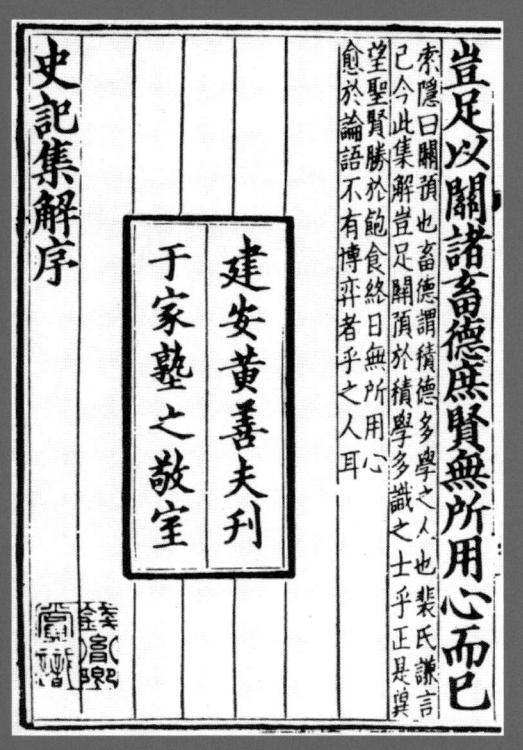

Tafel XV: Privatdruck der Dynastiegeschichten in Chien-yang. a) Druckerkolophon einer Ausgabe des *Shih-chi* des Ssu-ma Ch'ien, gedruckt in der Familienschule des Huang Shan-fu in Chien-an, Fukien, um die Mitte der Nan-Sung-Zeit (1128–1278). Erhalten sind auch Beispiele gedruckter Ausgaben des *Han-shu* und des *Hou Han-shu*, von demselben Gelehrten.

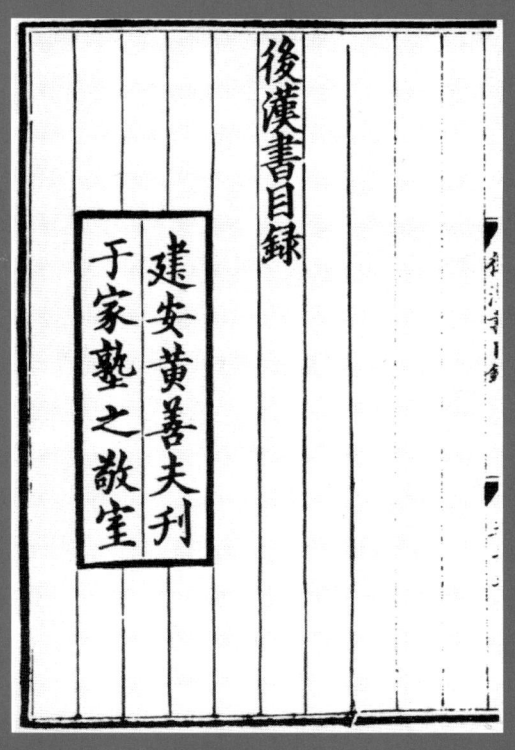

b) Wang Shih-p'eng's Kommentar zu den Gedichten des Su T'ung-p'o.

Der Gelehrte Yeh Meng-te (1077–1148) schrieb vor 1127, daß zu seiner Zeit die beste Druckqualität in Hang-chou (nach 1129 die Hauptstadt der Sung-Dynastie) erzielt wurde, die nächstbeste in Szechwan und die schlechteste in Fukien. Die in der Hauptstadt K'ai-feng hergestellten Bücher wurden zwar von ebenso sorgfältig geschnittenen Blöcken wie denen in Hang-chou gedruckt, doch verwendete man vergleichsweise schlechteres Papier. Die in Fukien gedruckten Bücher wurden im gesamten Reich vertrieben, und die Verleger dort waren für die Geschwindigkeit bekannt, mit der sie Bücher zum Verkauf herstellten.

Anscheinend hatten diese Verleger ganz im Gegensatz zu den staatlichen Behörden, die die Blöcke maßgeblicher Werke aufbewahrten, um bei Bedarf weitere Auflagen herzustellen oder sie an Privatleute, die eine Auflage drucken wollten, zu vermieten, begonnen, als Spekulationsgeschäft große Auflagen verschiedener Bücher zum Verkauf auf einem etablierten Markt zu drucken. Gewiß muß ein komplexes Vertriebsnetz existiert haben, das es den Verlegern von Massenauflagen ermöglichte, diese an die Buchhändler zu liefern. Wir wissen ärgerlicherweise wenig über diesen Handel. Von den Buchhändlern und den Buchhändlervierteln in Ch'eng-tu und in den Hauptstädten der T'ang-Ära war schon die Rede. Was die südliche Sung-Hauptstadt bei Hang-chou im 13. Jahrhundert betrifft, so wissen wir, daß sich die Buchhändler um den „Pavillon des Orangengartens" konzentrierten. Und wir wissen aus anderen Quellen, daß es unter den 17 Märkten der Metropole einen besonderen Buchmarkt gab. Zudem gab es gut eingeführte Zulieferfirmen, die die „Literaten" versorgten und mit Papierwaren, Tusche, Tuschsteinen, Pinseln, Regalen und anderem Buchzubehör Handel trieben.

Wir wissen genausowenig über den Buchmarkt wie über das Lesepublikum während der Sung-Zeit. Die Mehrzahl der erhaltenen Bücher von erlesener Qualität waren natürlich für die gelehrte Oberschicht, für den Gebrauch der Beamten oder für die Priester der beiden vorherrschenden Religionen bestimmt. Jedoch wurden schon große Aufla-

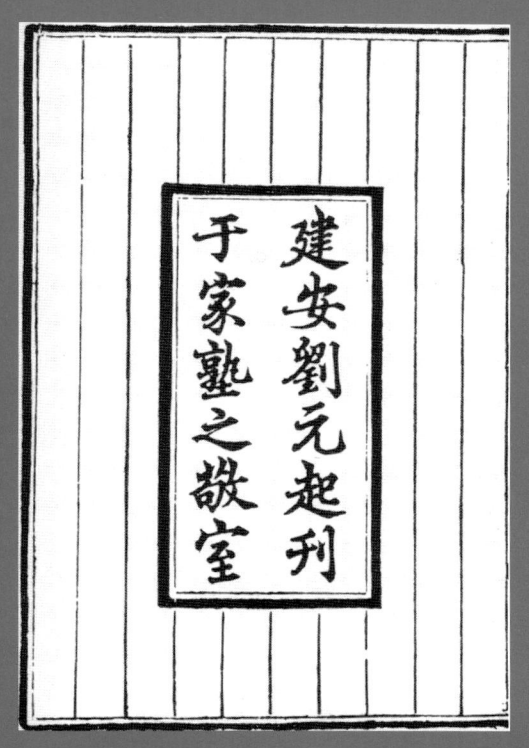

c) Druckerkolophon einer Ausgabe des Han-shu, gedruckt von der Familienschule des Liu Yüan-ch'i, ebenfalls in Chien-yang.

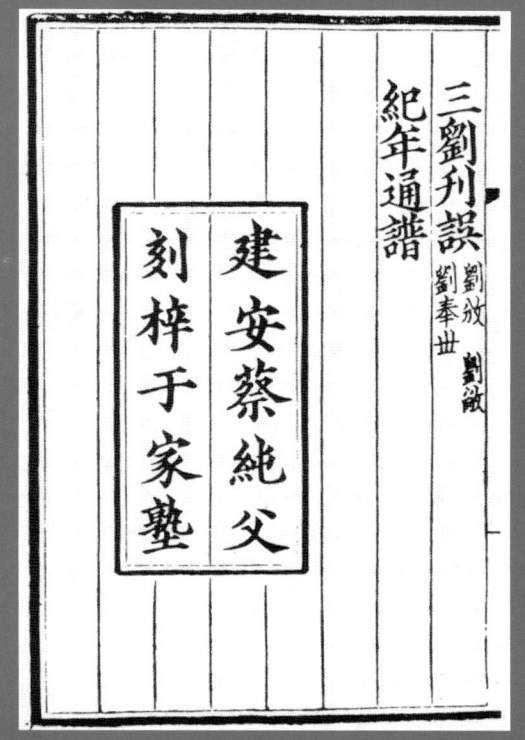

d) Druckerkolophon einer Ausgabe des Han-shu mit den gesammelten Kommentaren, hergestellt in Chien-yang von Ts'ai Ch'un-fu. Es gab auch eine Ausgabe des Hou Han-shu, gedruckt von der I-ching-t'ang der Familie Ts'ai, von wahrscheinlich derselben Familienschule, datiert 1208.
Alle diese Ausgaben sind im Stil sehr ähnlich und wurden wahrscheinlich zur selben Zeit gedruckt, nämlich im frühen 13. Jahrhundert.

gen anderer Bücher, zum Beispiel von Unterhaltungsliteratur oder allgemeiner Handbücher, gedruckt, die für einen Leserkreis gedacht waren, der zwar Lesen und Schreiben konnte, aber nicht hochgebildet war (Tafel XIX–XXIII). Ein Großteil dieser Auflagen war kurzlebig und hat sich nicht erhalten. Dennoch gibt es genügend Belege, die zeigen, daß diese weniger glanzvolle Seite der Druckkunst Konjunktur hatte.

Der Staat und die Druckkunst

Angesichts der wachsenden Büchermengen unternahm die chinesische Regierung unter den Sung wiederholt Anstrengungen, das Publikationswesen zu kontrollieren. Der Staat war bemüht, sein Monopol in einigen Bereichen der Literatur aufrechtzuerhalten. Kalender und astronomische oder astrologische Tabellen, deren Besitz den Untertanen seit dem 7. Jahrhundert gesetzlich untersagt war, nach denen aber lebhafte Nachfrage bestand, wurden während der Sung-Dynastie von staatlichen Behörden gedruckt und zu Fixpreisen verkauft, wobei privaten Druckern hohe Strafen drohten. Der Privatdruck von Sammlungen staatlicher Dokumente sowie juristischer Werke wurde wiederholt verboten, doch erwiesen sich solche Verbote als unwirksam. Auch Nationalgeschichten standen unter staatlichem Monopol, und strenge Gesetze untersagten ihre Ausfuhr in Nachbarstaaten, deren Herrscher sie als Informationsquelle hätten nutzen können. Doch auch diese Gesetze wurden ständig umgangen. Ebenso wirkungslos blieben Versuche, die stetige Zunahme von Sammlungen von Muster-Prüfungsaufsätzen unter Kontrolle zu bringen. Solche Werke waren sehr gefragt, da sich das Prüfungssystem allmählich als einziger Weg in den öffentlichen Dienst etablierte. Stets gab es Beschwerden über die Veröffentlichung dieser Modellaufsätze, die zum großen Teil von schlechter Qualität und ohne staatliche Anerkennung

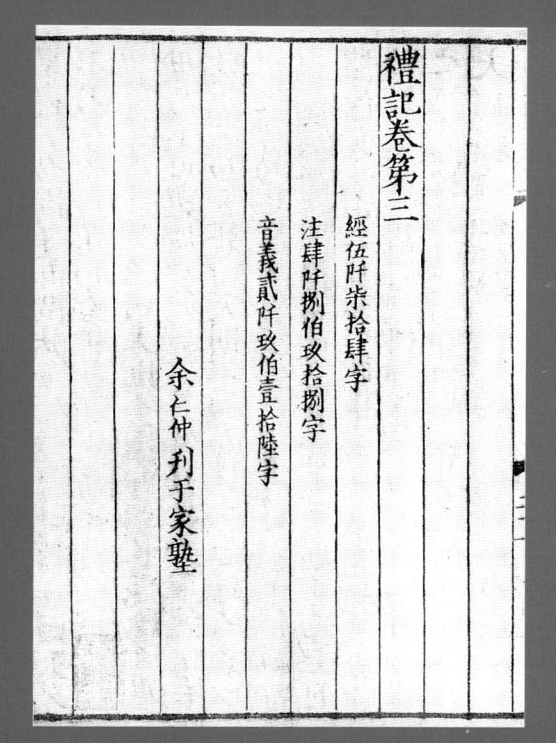

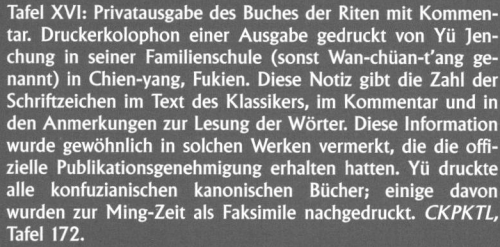

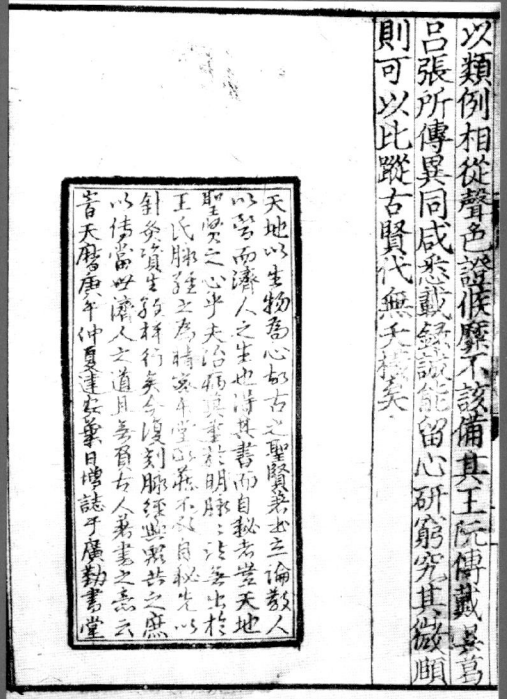

Tafel XVI: Privatausgabe des Buches der Riten mit Kommentar. Druckerkolophon einer Ausgabe gedruckt von Yü Jenchung in seiner Familienschule (sonst Wan-chüan-t'ang genannt) in Chien-yang, Fukien. Diese Notiz gibt die Zahl der Schriftzeichen im Text des Klassikers, im Kommentar und in den Anmerkungen zur Lesung der Wörter. Diese Information wurde gewöhnlich in solchen Werken vermerkt, die die offizielle Publikationsgenehmigung erhalten hatten. Yü druckte alle konfuzianischen kanonischen Bücher; einige davon wurden zur Ming-Zeit als Faksimile nachgedruckt. *CKPKTL*, Tafel 172.

Tafel XVII: Privat gedrucktes medizinisches Buch. Die „neu gedruckte Ausgabe" von Wang Shu-hos *Mo-ching*, dem Pulsklassiker, geschrieben zur Westlichen Chin-Zeit (265–317), herausgegeben von Lin I um die Mitte des 11. Jahrhunderts, gedruckt 1330 von der Kuang-chin shut'ang, einem bekannten Verlag in Chien-yang, der viele Werke zur Yüan-Zeit druckte. *CKPKTL*, Tafel 314.

waren. Das Gleiche gilt für den Verkauf von Miniaturausgaben wichtiger Texte, die leicht in die Prüfungsräume geschmuggelt werden konnten.

Andere Literaturgattungen unterlagen strenger Zensur. Heterodoxe taoistische, buddhistische und manichäische Texte waren verboten. Während der erbittert geführten politischen Machtkämpfe im 11. und 12. Jahrhundert wurden Schriften, die bei den momentanen Machthabern Anstoß erregten, wiederholt proskribiert. Besonders genau kontrolliert wurden Texte, die die Landfesverteidigung betrafen. Die Sung-Dynastie befand sich in einem dauerhaften Kriegszustand mit ihren mächtigen Nachbarn aus dem Norden. Die Angst der Regierung, wirkliche oder eingebildete Staatsgeheimnisse oder militärische Informationen könnten zu den Feinden durchsickern, war geradezu paranoid. Nach 1006 wurde die Ausfuhr sämtlicher Bücher mit Ausnahme der konfuzianischen Klassiker verboten. Alle in China veröffentlichten Werke über Grenzverteidigung wurden einer genauen Kontrolle unterworfen und regelmäßig proskribiert, die Druckstöcke für beanstandete Werke vernichtet und die Verleger schwer bestraft. Solche Gesetze wurden zwar immer wieder erlassen, konnten aber den Export von Büchern, die im Ausland sehr hohe Preise erzielten, nicht verhindern.

Die Sung-Regierung unternahm auch gezielte Anstrengungen, alle Bücher einer behördlichen Kontrolle zu unterziehen, bevor sie gedruckt und an die Öffentlichkeit verkauft werden durften. Das erste Edikt dieser Art entstand im Jahre 1009. Im Jahre 1090 erließ der Hof einen ausführlichen Vorschriftenkatalog in bezug auf Herstellung und Vertrieb von Büchern. Er machte zur Auflage, daß jedes Manuskript einer eingehenden Prüfung unterzogen wurde, bevor die offizielle Genehmigung zur Publikation erteilt wurde, und verbot zudem alle frivolen und unsittlichen Veröffentlichungen. Die Tatsache, daß sich das Verlagshandwerk im 12. und 13. Jahrhundert immer weiter ausbreitete, machte eine effektive staatliche Kontrolle so gut wie unmöglich.

Tafel XVIII: Kommerzieller Druck eines Reimwörterbuchs.
Eine neue Ausgabe des *Kuang-yün*, „korrigiert und fehlerfrei", hergestellt 1356 vom Verlag Ts'ui-yen ching-she der Familie Liu, sehr bekannte Chien-yang (Fukien)-Drucker während der Yüan- und Ming-Zeit. *CKPKTL*, Tafel 325.

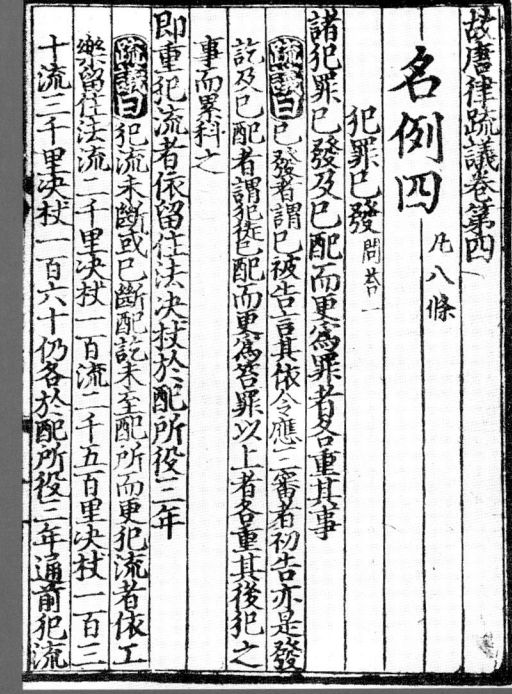

Tafel XIX: Privatdruck eines Gesetzbuches.
Eine Ausgabe des Ku *T'ang-lü shu-i*, gedruckt von der Ch'in-yu-t'ang, einem berühmten Verleger im Ch'ung-hua-Viertel von Chien-yang, Fukien, während der Yüan-Zeit und datiert 1291. Der Name des Verlegers war Yü Chih-an. Der Druck von Gesetzbüchern war für private Drucker seit langem verboten gewesen. Das T'ang-Strafgesetzbuch war während der Sung- und Yüan-Zeit noch in Kraft. *CKPKTL*, Tafel 328.

Dennoch gab es auch weiterhin Versuche, die Drucker in Schranken zu halten. Im Jahre 1159 versuchte die Regierung, die Veröffentlichung sämtlicher Werke, die keine Genehmigung der Erziehungsbehörde der Hauptstadt hatten, zu verbieten. Ein Belegexemplar jedes genehmigten Werkes mußte auf gelbem Papier gedruckt und an die Erziehungsbehörde geschickt werden. Zwischen 1195 und 1201 wurden diese Vorschriften in einem Gesetzespaket kodifiziert, das Zensur nicht nur in bezug auf unorthodoxe Ideen, sondern auch wegen stilistischer Mängel möglich machte.

Ein genehmigtes Buch erhielt eine Publikationserlaubnis, die manchmal als Kolophon ins Buch gedruckt, manchmal auf der Titelseite angebracht wurde. Nach den erhaltenen Exemplaren zu urteilen, bestätigte eine solche Publikationserlaubnis, daß der Verleger sein Buch ordnungsgemäß einer Prüfung hatte unterziehen lassen, führte sie die genaue Zahl der im Text enthaltenen Wörter auf, zuweilen auch die Anzahl der für den Druck benötigten Druckstöcke, die Kosten für den Druck eines Exemplars sowie den Verkaufspreis.

Private Verleger stellten nicht nur Bücher her, für die sie Druckstöcke besaßen. Es war allgemein üblich, daß Behörden, die Druckstöcke besaßen, diese gegen eine Gebühr an Privatpersonen oder Verleger verliehen und ihnen erlaubten, Abdrucke zu ziehen.

Ein weiterer interessanter Aspekt der Veröffentlichung mit staatlicher Genehmigung ist, daß das offizielle Imprimatur sich allmählich zu einem Konzept der Autoren- und Verlegerrechte an einem Buch entwickelte. Das erste Buch mit einem Anspruch auf Copyright unter staatlichem Schutz wurde in Szechwan zwischen 1190 und 1194 gedruckt (Tafel XXIV). Ähnliche Druckgenehmigungen finden sich in einer Reihe von Büchern, die im frühen 13. Jahrhundert gedruckt wurden. Solche Genehmigungen sollten nicht nur vor unautorisierten Nachdrucken schützen, sondern versuchten gelegentlich auch, Autorenrechte vor unautorisierten Kürzungen und Veränderungen des

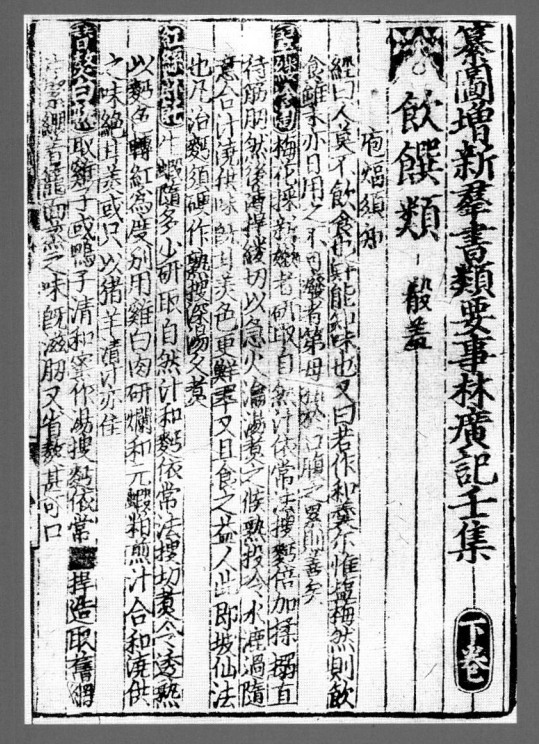

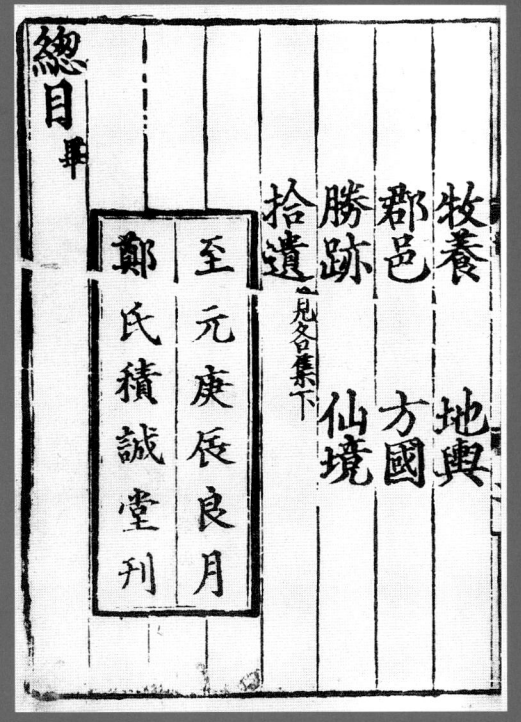

Tafel XX: Privatausgabe einer Enzyklopädie.
Zwei Seiten einer Ausgabe des *Tsuan-t'u tseng-hsin ch'ün-shu lei-yao shih-lin kuang-chi*, einer populären Enzyklopädie, die in der Mitte des 13. Jahrhunderts geschrieben wurde und mehrere Erweiterungen und Neueditionen erlebte. Diese Version wurde 1340 vom Verlag Chi-ch'eng-t'ang der Familie Cheng in Chien-yang gedruckt. *CKPKTL*, Tafel 321.

Textes zu wahren. Wir lesen immer wieder von Verlegern, die schnellen Gewinn machten, indem sie zusammengestückelte Kurzausgaben bekannter Werke oder betrügerischer und frivoler Schriften unter dem Namen bekannter Autoren veröffentlichten.

Diese Druckgenehmigungen findet man nur in wenigen der erhaltenen Sung-Drucke, aber diese etwas primitive Vorstellung des Copyrights erhielt sich wahrscheinlich auch ohne gesetzliche Verankerung bis in die Mongolenzeit. Das Copyright konnte jedoch nicht durchgesetzt werden, so daß das Konzept selbst während der Ming-Dynastie (1368–1644) in Vergessenheit geriet wie auch die Praxis, Bücher vor Erteilung der Druckerlaubnis einer Begutachtung zu unterziehen. Die Idee des Copyrights sollte in China erst wieder 1910 aufleben. Sie hat sich aber auch seitdem immer wieder als anfechtbar erwiesen.[16]

Wirtschaftliche Aspekte des Druckgewerbes unter den Sung

Aus der Sung-Zeit haben wir wenige seltene Informationen über die Betriebskosten des Verlegens sowie über die Buchpreise für den Käufer. Die Ausgabe gesammelter Werke des Wang Yü-ch'eng aus dem Jahre 1147, ein großes Buch von 30 Kapiteln, das die Herstellung von 440 doppelseiten Holzstöcken erforderlich machte, wurde für 5000 Cash verkauft. Auch sind uns die Preise einiger Posten für eine Einzelauflage überliefert: 206 Cash für blaues Umschlagpapier; 550 Cash für Druckerschwärze und 430 Cash für „Verpflegung für die Drucker und Buchbinder". Aber weder die Kosten für Papier noch für das Gravieren bzw. die Ausleihe der Holzstöcke werden genannt.[17] Über das im Jahre 1176 gedruckte Werk von Tseng T'ung über den konfuzianischen Klassiker *Das Buch der Wandlungen* sind uns mehr Einzelheiten überliefert. Das große Buch

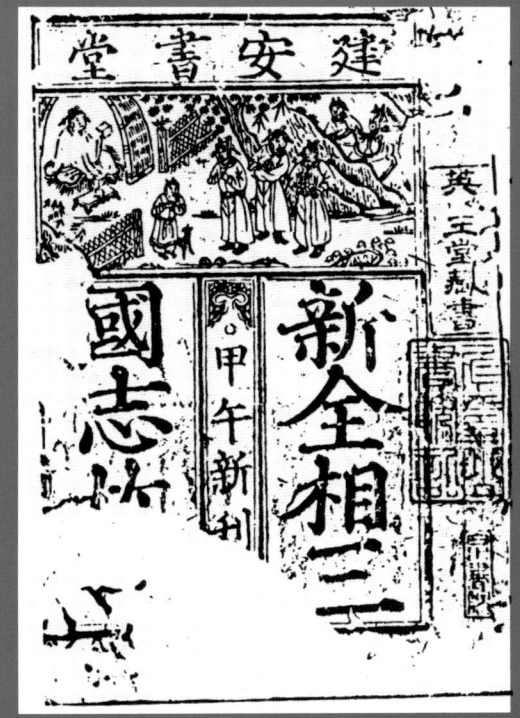

Tafel XXI: Gewerblicher Druck von Romanen.
Zwei Yüan-Ausgaben des *San-kuo chih p'ing-hua*.
a) veröffentlicht von der Familie Yü in Chien-an „Neugedruckt in der Chih-ch'ih-Ära" (1321–1323)
b) ist ein Nachdruck desselben Werks durch die Chien-an shu-t'ang, wahrscheinlich aus dem Jahre 1354.
Man beachte die Verschlechterung der Illustration auf Grund der Kopie. Im Titelblatt wird das Werk als „vollständig illustriert" *(ch'üan-hsiang)* bezeichnet. Dieser Ausdruck wird für Bücher, meist Romane und Theaterstücke gebraucht, die in Chien-an von der Yüan- bis zur späten Ming-Zeit in diesem Format mit einer Holzschnittillustration oben auf der Seite und dem Text darunter gedruckt wurden. Nagasawa, Tafel 97–98.

bestand aus 1300 großformatigen Doppelseiten, die jeweils von einem einzelnen Stock gedruckt wurden. Der Drucker/Buchhändler mietete die Stöcke für 1200 Cash, vermutlich, da es sich um den Kommentar zu einer kanonischen Schrift von einer Regierungsbehörde handelt. Die tatsächlichen Kosten für eine Auflage, „Tusche, Papier, Klebstoff und Arbeitskraft" beliefen sich auf 1500 Cash (Tafel XXV) und waren mit wenig mehr als ein Kupfer-Cash pro Bogen bemerkenswert billig, zumindest wesentlich billiger als auch nur die Teilkosten, die für Wang Yüch'engs Buch aufgeführt sind. Der Verkaufspreis betrug 8000 Cash pro Exemplar. Bücher gehörten, auch wenn sie gedruckt wurden, immer noch zu den Luxusartikeln. Angenommen der Drucker benutzte die gemieteten Druckstöcke für drei Abdrucke, so konnte er mindestens 6000 Cash Reingewinn pro Exemplar erzielen. Selbst wenn die Mietbedingungen ihm lediglich den Druck eines Exemplars gestatteten, verdiente er immer noch 5300 Cash. Diese Zahlen lassen vermuten, daß ein Verleger der Sung-Zeit mit ziemlich großer Gewinnspanne arbeitete, auch wenn er die Druckstöcke für ein Buch mieten mußte. Ein kommerzieller Verleger, der mit seinen eigenen Druckstöcken größere Auflagen herstellte, wird sogar noch besser verdient haben.

Holzdruckstöcke

Die bisher erwähnten Drucke wurden alle als Holzdruckstöcke oder in einigen seltenen Fällen von Ton-, Horn- oder Metallplatten hergestellt (Tafel I, Tafel XXVI).[18] Die ältesten Bücher wurden als Einzelbogen gedruckt, die zurechtgeschnitten, zusammengestellt und ebenso wie alte Handschriftenrollen aneinandergeklebt wurden. Unter der Sung-Dynastie wurden die buddhistischen Schriften zwar weiterhin als fortlaufender Text zusammengestellt, zunächst noch als Schriftenrolle, später als Leporello. Welt-

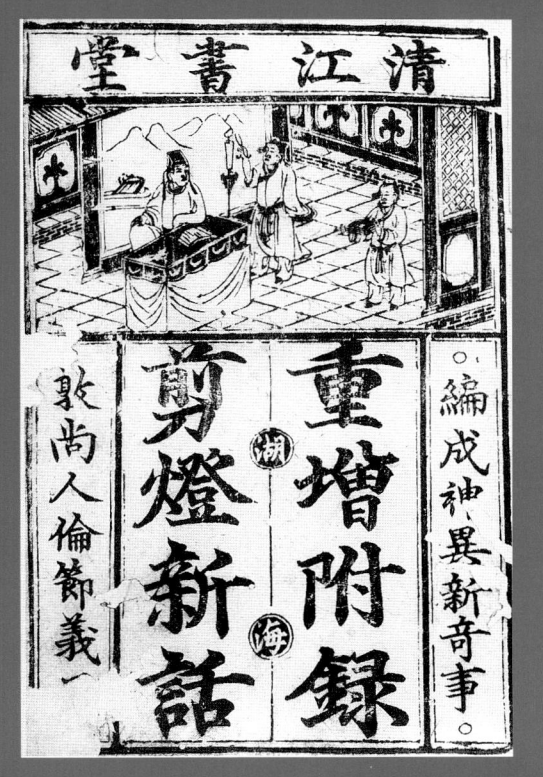

Tafel XXII: Romandruck der Ming-Zeit.
Frontispiz einer „neu ergänzten Ausgabe" des *Chien-teng hsin-hua*, gedruckt 1511 von der Ch'ing-chiang shu-t'ang der Familie Yang. Andere Ausgaben desselben Verlegers, wie das Reimwörterbuch Kuang-yün, die Enzyklopädie Yü-pien und andere Romanwerke, sind erhalten. *CKPKTL*, Tafel 389.

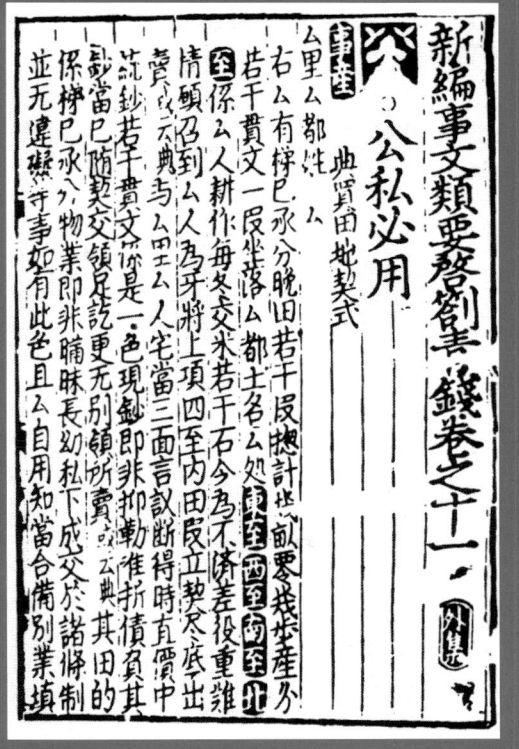

Tafel XXIII: Eine frühe Haushalts-Enzyklopädie.
Das *Hsin-pien shih-wen lei-yao ch'i-ta ch'ing-ch'ien*, eine große und sehr detaillierte praktische Enzyklopädie für den täglichen Gebrauch, gedruckt 1324 von der Jih-hsin-t'ang der Familie Liu in Chien-an. Die abgebildete Seite erläutert, wie man eine Hypothek aufnimmt.

liche Literatur und amtliche Drucke führten jedoch zur Entwicklung einer neuen Buchform, die bis zur Einführung westlicher Bücherformen in unserem Jahrhundert die allgemein vorherrschende Norm blieb. Jeder Druckstock umfaßte den Text einer Doppelseite. Dieser wurde von einem rechteckigen Rahmen eingefaßt und in der Mitte durch einen Streifen geteilt, der oft, aber nicht immer, den Titel des Buches, die Seitenzahl und manchmal den Namen des Druckers oder Formschneiders enthielt. Ein Bogen relativ dünnen Papiers wurde einseitig mit dieser Seite bedruckt. Der Drucker schwärzte den Stock mit dem einen Ende einer doppelseitigen Bürste, legte das Papier auf die geschwärzte Seite des Druckstocks und machte einen Abdruck, indem er mit dem anderen Ende seiner Bürste über das Papier fuhr. Nachdem das Papier getrocknet war, wurde es im Mittelstreifen, der für gewöhnlich als Hinweis für den Buchbinder mit einem Fischschwanzmuster versehen war (Tafel XXVII), so gefalzt, daß die unbedruckte Bogenseite nach innen lag. Der Mittelstreifen bildete den äußeren „Schnitt" des fertigen Buches, der aber nicht aufgeschnitten wurde. Der innere Schnitt der Bögen wurde zusammengenäht, um die Doppelseiten zu einem Band zu binden, der des öfteren einen Schutzumschlag aus dickerem Papier erhielt. Dieser Faszikel bzw. dieser Band wurde *ts'e* genannt, ein Begriff, der in alter Zeit ein Bündel von „Streifen" aus Bambus bezeichnete, die zu einem fortlaufenden Text aneinandergereiht wurden. Ein großes Buch bestand aus einer Reihe solch dünner Faszikel, die zu ihrem Schutz in einer mit Stoff überzogenen Kassette, einem „*t'ao*", aufbewahrt oder zwischen zwei dünne Holzdeckel gelegt wurden.

Bis in die Moderne blieb diese Methode des Buchdrucks und der Buchherstellung die Regel. Sie hatte viele Vorzüge, nicht zuletzt den der Flexiblitität. Die Stöcke für gute Drucke wurden aus hartem, enggemasertem Holz, im allgemeinen aus Birnbaum- oder Jujubenholz hergestellt. Die Oberfläche wurde mit einem Grundierleim präpariert. Die Druckvorlage schrieb ein Kopist auf sehr dünnes Pa-

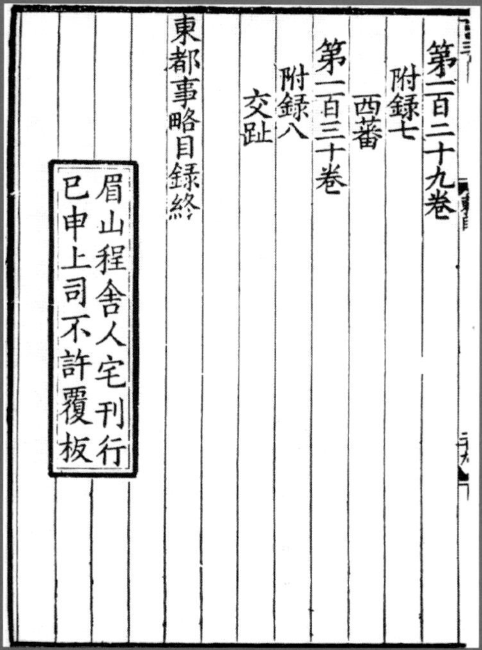

第一百二十九卷
附録七
西蕃
第一百三十卷
附録八
交趾
東都事略目録終
眉山程舍人宅刊行
已申上司不許覆板

Tafel XXIV: Verlegerrechte.
Notiz in einer Ausgabe von Wang Ch'engs *Tung-tu shih-lüeh,* gedruckt 1190–1194. „Gedruckt und verlegt vom Haus des Sekretärs Ch'eng von Mei-shan. Offizielle Eintragung bei den Behörden ist schon erfolgt; Nachdruck verboten."

Tafel XXV: Kolophon zu den gesammelten Werken des Wang Yü-ch'eng, Wang Huang-chou Hsiao-yü chi.
Dieser Eintrag bestätigt, daß das Buch mit insgesamt 163.848 Zeichen gemäß den Statuten der Shao-hsing-Periode (1131–1162), die das Vorlegen aller Privatveröffentlichungen zur Überprüfung durch die Behörden erforderten, geprüft, für „vorteilhaft zum Studium" befunden wurde, und die Genehmigung zum Vertrieb erhalten hatte. Es wird dargelegt, daß das Buch mit 452 Holzblöcken gedruckt werden wird, und einige Herstellungskosten sowie der Verkaufspreis von 5 Schnüren à 1000 Cash werden aufgeführt. Die Genehmigung ist datiert vom 7. Monat 1147 und vom Leiter des Postrelaiswesens in Huang-chou ausgefertigt. Der Eintrag endet mit einer langen Liste (nicht ganz wiedergegeben) aller Verantwortlichen für die Edition des Textes und die Überwachung des Blockschnitts.

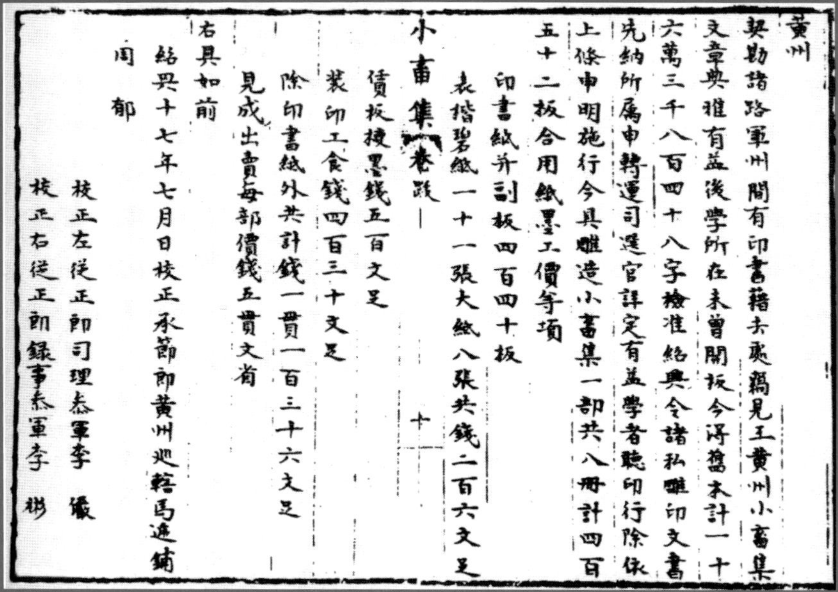

黄州
契勘諸路軍州間有印書籍去處竊見王黄州小畜集
文章典雅有益後學所在未曾開板今得舊本計一十
六萬三千八百四十八字檢准紹興令諸私雕印文書
先納所屬申轉運司選官詳定有益學者聽印行除依
上條申明施行今具雕造小畜集一部共八冊計四百
五十二板合用紙墨工價等項
印書紙并副板四百四十八板
表褙碧紙一十一張大紙八張共錢二百六文足
小畜集卷跋
賃板棧墨錢五百文足
裝印工食錢四百三十文足
除印書紙外共計錢一貫一百三十六文足
見成出賣每部價錢五貫文省
右具如前
紹興十七年七月日校正承節郎黄州𨗈轄馬遞鋪
閻 郁
校正左從正郎司理參軍李 儼
校正右從正郎錄事參軍李 彬

pier, das mit der beschrifteten Seite nach unten auf die Oberfläche der Platte gelegt wurde, solange der Leim noch naß war. Der Holzschneider schnitt den Stock um die Schriftzeichen herum. Dieses Druckverfahren ermöglichte die Wiedergabe aller möglichen kalligraphischen Stile oder Mischungen von Stilen, jeglicher Schriftzeichengröße oder -größenvielfalt, und konnte ebenso leicht Text wie auch Illustrationen wiedergeben. An den Stöcken konnten Korrekturen vorgenommen werden, indem man von neuem schnitzte, Holzplättchen in den Stock einsetzte und von neuem gravierte, oder durch kleine Nachschnitte bearbeitete. Mit einem so gefertigten Stock konnten sehr viele Abzüge gemacht werden, bevor sich gravierende Abnutzungserscheinungen bemerkbar machten. Da keine Presse benutzt wurde, war die Belastung des Stocks minimal. Zudem konnte ein fertiggestellter Druckstock gelagert werden und das Buch für unbegrenzte Zeit „im Druck" bleiben. Die Materialkosten für die Holzstöcke waren gering, so daß deren Lagerung keine teuren Rohstoffe band wie im Fall der Metallettern. Fanden die Holzstöcke keine weitere Verwendung, konnten sie abgehobelt und neu verwendet werden. Zudem konnten Mehrfach-Stöcke zum Druck in verschiedenen Farben benutzt werden. Die ältesten erhaltenen Beispiele dieser Art stammen aus dem 14. Jahrhundert (Tafel XXVIII).

Auch die Buchform war flexibel. Man konnte zusätzliche Seiten hinzufügen und diese einfach in den existierenden Text einnähen, so daß ein Buch wiederholt ergänzt werden konnte. Auf diese Weise wurden große Bücher über z. B. lokale Verwaltung oder Familiengenealogien regelmäßig aktualisiert.

Druck mit beweglichen Lettern

Diese Art der Buchproduktion erwies sich als außerordentlich praktisch und vielseitig. Während der Sung-Dynastie entwickelten chinesische Drucker jedoch auch den Druck

Tafel XXVI: „Angriff auf Chi-lung [tibetisch sKyid-gron]" Dieser Kupferstich mit einem kaiserlichen Gedicht von 1793 entstammt einer Folge von großformatigen Kupferstichen, die der Ch'ien-lung-Kaiser zur Darstellung seines Feldzuges gegen und seines Sieges über die aufständischen Gurkhas von chinesischen Künstlern anfertigen ließ. Der Kupferstich war in China nicht einheimisch, sondern wurde erst von P. Matteo Ripa eingeführt. Bekannt geworden ist sein Kupferstichwerk der Ansichten der Palastgärten der Sommerresidenz Jehol (1711), das allerdings gewöhnlich in der Holzdruckausgabe vorliegt: *Pi-shu shan-chuang shih*.

Tafel XXVII: Wang Weis Gedichte mit Kommentar.
Diese Wang Wei-Ausgabe wurde 1556 in Wu-hsi (Kiangsu) von Ku Ch'i-ching gedruckt. Der Mittelstreifen zeigt den als Hinweis für den Buchbinder gedachten Fischschwanz (der Falz ist sichtbar). Über dem Fischschwanz steht der Name von Kus Studio Ch'i-tzu-chai. Darunter der Titel, abgekürzt zu „Wangs Werke", Kapitel und Seitenzahl. Ganz unten im Streifen sind, eher ungewöhnlich, der Name des Holzschneiders sowie der Person, die die Seitenvorlage für die Blöcke schrieb.
Ein ungewöhnlicher Zug des Buches ist die Liste aller Abschreiber, Blockschneider (von denen einige Einheimische waren, andere aus Su-chou, Chin-hua, Wu-chin und Chiang-yin, und nicht weniger als 12 aus einer Familie stammten) und sogar die Buchbinder. Der Druck des Buches dauerte über sechs Monate. *CKPKTL*, Tafel 420 + 421.

mit beweglichen Lettern. Ich würde meine Darstellung gerne mit einer kurzen Beschreibung dieser Erfindung schließen und die Gründe erläutern, die dazu führten, daß sich dieses Druckverfahren in China nie wie in Europa zur bevorzugten Drucktechnik entwickelte.

Oberflächlich gesehen stellte der Gebrauch von beweglichen Lettern zum Drucken chinesischer Schriftzeichen eine logische und geradlinige Entwicklung dar. Die chinesische Kalligraphie und Typographie sieht vor, daß jedes chinesische Schriftzeichen den gleichen quadratförmigen Raum einnimmt. Dabei werden die Schriftzeichen in senkrechten Kolumnen angeordnet, die in traditionellen Werken gewöhnlich durch eine dünne Linie voneinander getrennt sind. Ein chinesischer Setzer mußte sich daher nicht mit der Problematik der Abstände oder des Layouts befassen, der sich der westliche Typograph gegenübersah.

Der Umfang der staatlichen Publikationsprojekte des 9. und 10. Jahrhunderts muß das noch junge Druckgewerbe vor gewaltige Probleme gestellt haben, da für jedes einzelne der geplanten Projekte, seien es Geschichtswerke, Sammlungen kanonischer Texte, Enzyklopädien oder Anthologien, abertausende von Holzstöcken hergestellt und dann gelagert werden mußten. Wie schon erwähnt, wurden für die erste gedruckte Auflage der buddhistischen Schriften 130.000 Holzstöcke benötigt, die in einer besonderen Lagerhalle aufbewahrt werden mußten. Die Stöcke für eine koreanische Auflage sind bis heute erhalten und zeugen von den enormen handfesten Schwierigkeiten, die der Druck mit Holzdruckstöcken in größerem Umfang mit sich brachte. Jede alternative Drucktechnik muß attraktiv erschienen sein.

Die älteste erhaltene Beschreibung der Drucktechnik mit beweglichen Lettern stammt von Shen Kua (1030–1094), einem von allem Technischen faszinierten Gelehrten, der diese Erfindung Pi Sheng zuschreibt. In den 40er Jahren des 11. Jahrhunderts hatte Pi bewegliche Lettern aus Keramik benutzt. Diese wurden in eine eiserne

Tafel XXVIII: Das älteste erhaltene Exemplar eines Zweifarbendrucks.
a) Nur rot gedruckt.
b) Rot und Schwarz zusammengedruckt. Die große Schrift rechts ist auch rot gedruckt.
Diamantsûtra mit einem Kommentar, 1341 vom Tzu-fu-ssu Tempel im Chung-hsing Bezirk (in der heutigen Provinz Hupeh) gedruckt. Mehrblockdruck (*t'ao-pan*), in diesem Fall wurden zwei Blöcke benutzt. Der Text des Sûtra (in großen, fett gedruckten Schriftzeichen), sowie die Illustration und die oberen und unteren Ränder sind in Rot gedruckt, der Kommentar (in kleineren Schriftzeichen) in Schwarz. Nagasawa, Tafel 89.

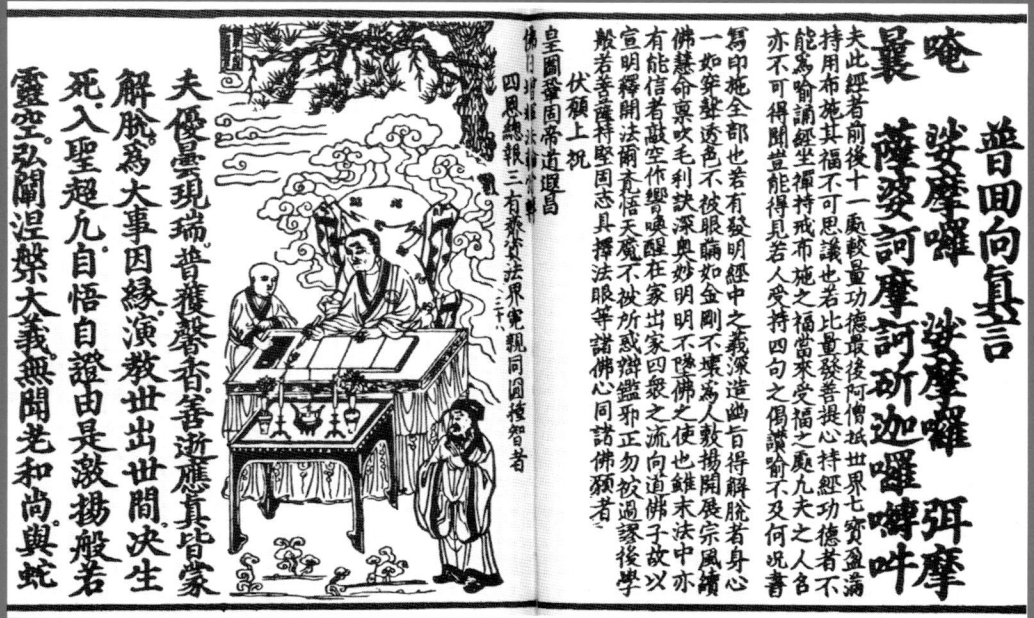

Setzform gelegt, die die Ränder sowie die Linien zwischen den Kolumnen jeder Seite druckte. Sowohl die Setzform als auch die einzelnen Lettern wurden in eine Mischung aus aufgewärmtem Harz und Wachs auf eine eiserne Stützplatte gesetzt. Im Anschluß an den Druckvorgang wurde die Stützplatte erhitzt, um das Wachs zu schmelzen und die Setzform sowie die Lettern freizulegen. Pi Sheng verwendete Keramiklettern zum einen, weil diese wiederverwendet werden konnten, zum anderen, weil sie, wie er behauptete, ein besseres Druckbild ergaben. Wir wissen nicht, in welchem Ausmaß diese Technik jemals Anwendung fand. Von Pi Shengs Druckerzeugnissen ist keine einzige Probe erhalten. Der große chinesische Bibliophile Yeh Te-hui (1864–1927) behauptete, Besitzer eines Buches zu sein, das mit beweglichen Keramiklettern während der Nördlichen Sung-Zeit (960–1127) gedruckt worden sei, doch es ist meines Wissens niemals reproduziert worden.

Die nächste Erwähnung des beweglichen Letterndrucks datiert aus der mongolischen Yüan-Dynastie aus dem Jahre 1313, als Wang Chen einen weiteren Bericht über Pi Shengs Experimente verfaßte. Er fügt hinzu, daß in der Folge Zinnlettern für den Druck verwandt und die Schriftzeichen in einer eisernen Setzform mittels Draht zusammengebunden worden seien. Die Metallettern nähmen jedoch nicht ohne weiteres die traditionellen, wasserlöslichen chinesischen Druckerschwärzen an, und es habe sich herausgestellt, daß die Lettern sich schnell abnutzten. So hätten sie nie breite Verwendung gefunden. Wang Chen setzt seinen Bericht mit der Beschreibung seiner eigenen Experimente mit beweglichen Holzlettern fort.[19] Er gibt vor, von seinen eigenen Ideen zu berichten, tatsächlich aber liegt die Erfindung des beweglichen Letterndrucks vor seiner Zeit, da mindestens ein erhaltenes Buch aus der Sung-Ära ein auf der Seite liegendes Zeichen enthält und daher mit beweglichen Lettern und nicht von einem Stock gedruckt worden sein muß.

Wang Chens Holzlettern wurden Stück für Stück von Hand gefertigt. Unmengen identischer Lettern waren für

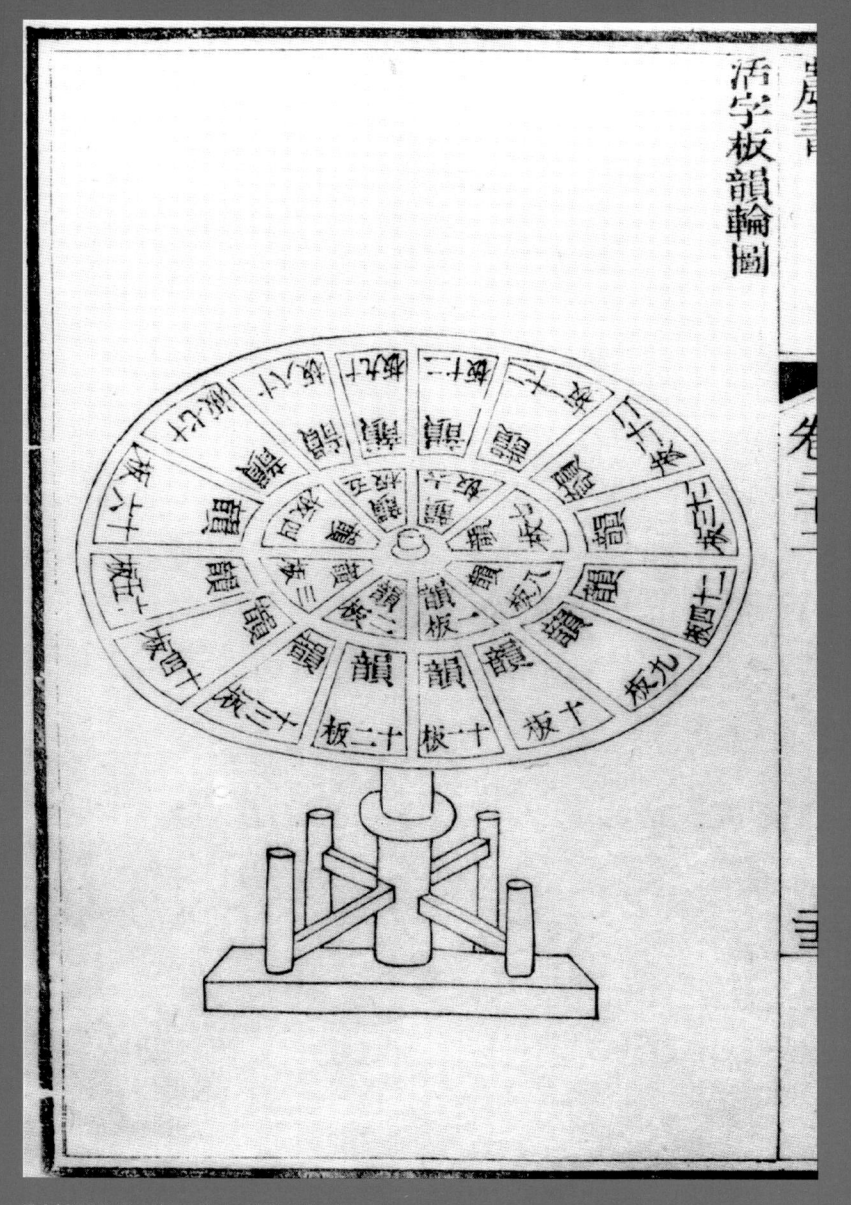

Tafel XXIX: Druck mit beweglichen Lettern.
Abbildung eines Drehtisches mit in Fächern nach Reimen geordneten Lettern aus dem *Nung-shu* des Wang Chen (1313). Diese Seite stammt aus dem Exemplar der *Wu-ying-tien chü-chen pan ts'ung-shu*-Ausgabe in der Gest Oriental Library, Princeton University.

die gängigen Zeichen erforderlich. Er schätzte, daß der erforderliche Satz beweglicher Lettern die Zahl 30.000 überschreiten würde, fügt aber hinzu, daß er für den Druck der offiziellen Geschichte des Bezirks Ching-te in Anhwei mit der besagten Methode mehr als 60.000 Lettern schneiden lassen mußte, deren Anfertigung länger als zwei Jahre dauerte. Die Holzlettern, jede einzelne von standardisierter Größe, wurden in eine Holzform gelegt, in der dünne Bambusstreifen die Linien zwischen den Kolumnen markierten. Die Lettern wurden durch hölzerne Keile und Bolzen befestigt.

Wang Chens Setzer saß zwischen zwei großen Drehtischen, deren Oberfläche in separate Setzkästen für die Lettern geteilt wurde (Tafel XXIX). Ein Tisch enthielt die gängigen Zeichen, der andere die weniger gebräuchlichen, nach ihrem Reim geordnet. Der Drucker, der die Druckvorlage vor sich hatte, verlangte nach jedem Zeichen, indem er eine Nummer nannte, während der Setzer es aus seinem Kasten auf dem Tisch nahm und in die Setzform legte. Die Lettern wurden in Kolumnen angeordnet und mit Bambuskeilen fest verkantet. Dann wurde die ganze Seite vollkommen glatt gestrichen. Die gesetzte Seite wurde daraufhin nach oben gedreht, geschwärzt und wie beim Blockdruck ein Abdruck genommen. Nach dem Gebrauch wurden die Lettern auseinandergenommen und in die entsprechenden Kastenfächer auf den Drehtischen zurückgelegt.

Das Grundproblem der chinesischen Typographie lag und liegt in der Tatsache, daß der chinesische Zeichenvorrat praktisch unbegrenzt ist. Selbst heute, nach jahrzehntelangen Bemühungen, die Zahl der verwendeten Zeichen zu begrenzen, benötigt ein chinesischer Drucker einen aktiven Bestand von mehr als 8.000 Zeichen, während Zeitungen immer noch ungefähr 5.000 gängige Zeichen verwenden. Aber selbst mit einem so großen Vorrat sind häufig seltene Zeichen, vor allem für Eigennamen, gefragt, so daß entsprechende Lettern eigens geschnitten werden müssen, wie es schon Pi Sheng getan hatte, wenn er be-

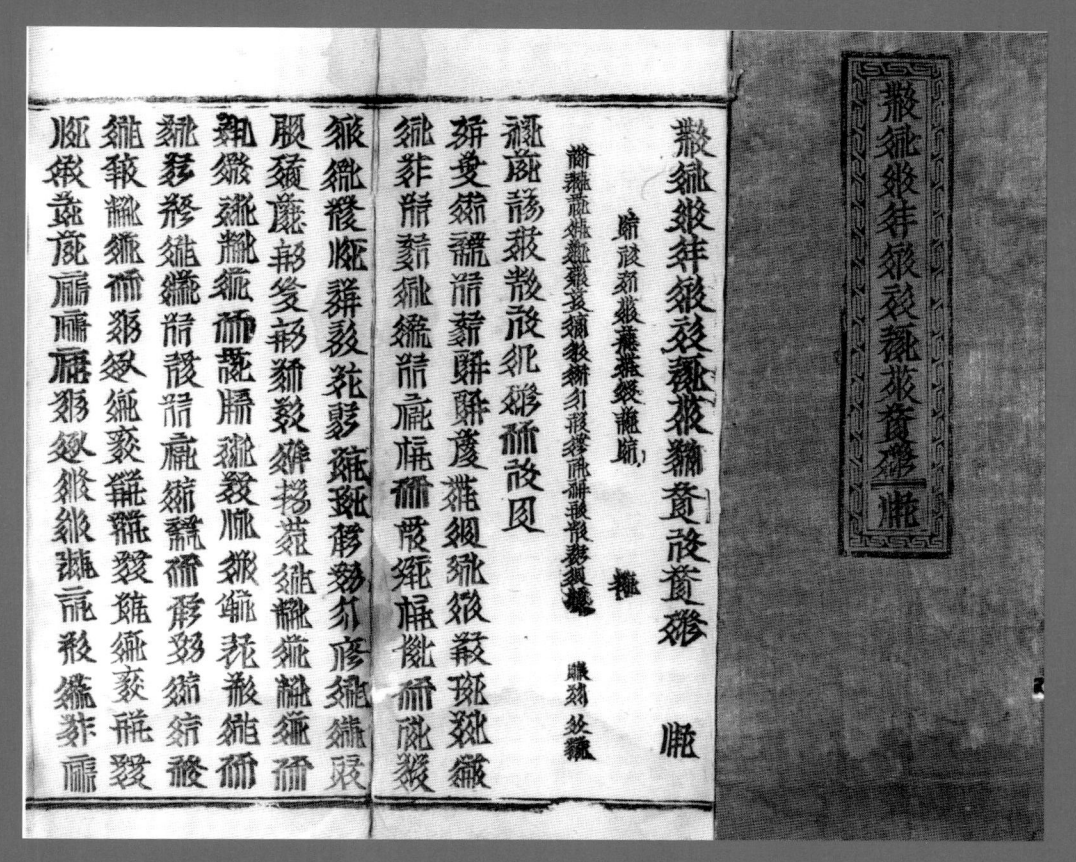

Tafel XXX: Frühstes und überliefertes Beispiel eines Drucks mit beweglichen Lettern.
Außenetikett und die ersten Halbseiten aus Kapitel 77 der Tangut-Übersetzung des *Garland sutra*, wahrscheinlich aus der mittleren oder späten Zeit der Yüang-Dynastie (Ende des 13., Anfang des 14. Jahrhunderts). Exemplar aus der Gest Oriental Library, Princeton University

sondere Zeichen brauchte. Die größten chinesischen Lexika enthalten mehr als 40.000 verschiedene Zeichen, auch wenn viele von ihnen nur Varianten darstellen, und keines dieser Lexika erschöpft den Zeichenbestand. Kein chinesischer Drucker hatte jemals einen 'vollständigen' Letternsatz, der jedes chinesische Schriftzeichen enthalten hätte.

Zur Mongolenzeit wurde der Blockdruck ausgiebig verwendet, nicht nur für Bücher auf Chinesisch, sondern auch für Texte auf Uigurisch, Tibetisch, Tangutisch, Mongolisch und Sanskrit. Bewegliche Typen wurden ebenfalls für den Druck in dieser Sprache genutzt. Ein Satz hölzener Lettern für das Uigurische vom Ende des 13. oder aus dem frühen 14. Jahrhundert wurde 1907 in Tun-huang entdeckt (vgl. Carter-Goodrich, 146-147). Die beweglichen Lettern für die weitaus komplexere tangutische Schrift waren besonders schön und wurden in großem Umfang für Veröffentlichungen verwendet, einschließlich Teilen der buddhistischen heiligen Schriften. Erhaltene tangutische Drucke buddhistischer Werke dürften die ältesten existierenden mit beweglichen Lettern gedruckten Bücher sein. Die frühesten Beispiele, wahrscheinlich aus dem späten 12. Jahrhundert, wurden mit Keramiktypen gedruckt. Der größte Teil der erhaltenen tangutischen Texte aber stammt von hölzernen Lettern, und viele davon wurden von chinesischen Handwerkern gedruckt. Sie scheinen aus dem ersten Viertel des 14. Jahrhunderts zu stammen (vgl. Hejdra/Cao.).

Druckkunst in Korea

Trotz dieser Experimente setzten sich bewegliche Lettern in China nie wirklich durch, obwohl sie von Zeit zu Zeit wieder auflebten. Es gab eine Fülle billig arbeitender Formschneider und Drucker, deren Kunstfertigkeit und Gewandtheit den Blockdruck mehr als konkurrenzfähig machten. Bewegliche Lettern erfuhren neuen Aufschwung in Korea, wo zum ersten Mal im Jahre 1241 von bewegli-

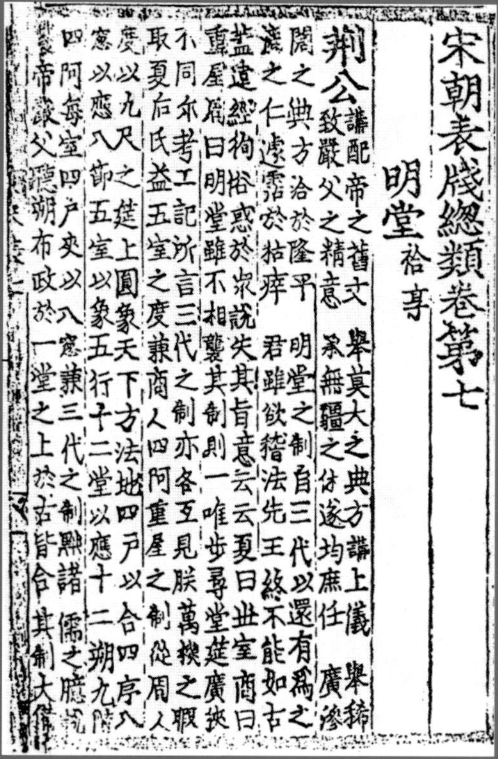

宋朝表牋總類卷第七

明堂 裕享

荆公 講配帝之舊文致嚴父之精意 舉莫大之典方講上儀承無疆之休遂均庶任 舉稀廣漻

閱之典方洽於隆平 明堂之制自三代以還有為之

濊之仁速霑於枯瘁 君雖欲稽法先王終不能如古

蓋達經物俗惑於衆說失其旨意云云夏曰世室商曰

重屋周曰明堂雖不相襲其制則一唯步尋堂筵廣狹

不同尒考工記所言三代之制亦各互見朕萬機之暇

取夏后氏益五室之度兼商人四阿重屋之制從周人

度以九尺之筵上圓象天下方法地四戶以合四序八

窻以應八節五室以象五行十二堂以應十二朔九階

四阿每室四戶夾以八窻兼三代之制兼諸儒之聽說

帝嚴父聽朔布政於一堂之上於古皆合其制大備

Tafel XXXI: Koreanischer Druck mit beweglichen Metalllettern. Das *Sung-ch'ao piao-chien tsung-lei*, gedruckt mit dem *kyemi-ja* Zeichensatz, gegossen 1403.

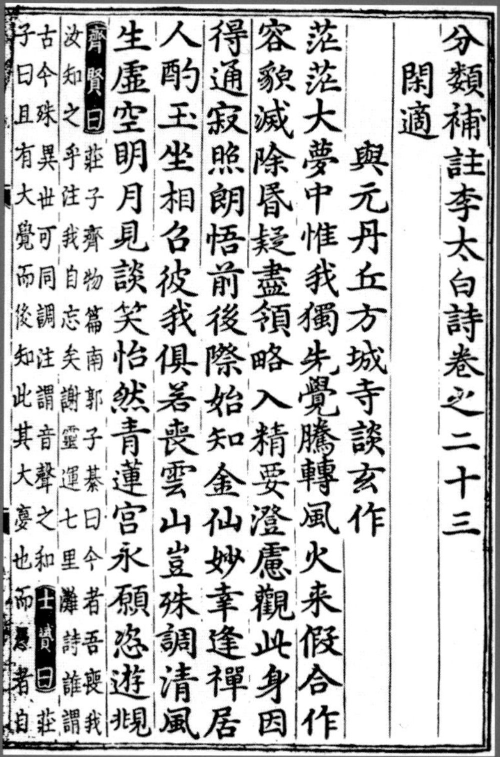

分類補註李太白詩卷之二十三

閑適

與元丹丘方城寺談玄作

茫茫大夢中惟我獨先覺騰轉風火來假合作

容貌滅除昏疑盡領略入精要澄慮觀此身因

得通寂照朗悟前後際始知金仙妙幸逢禪居

人酌玉坐相召彼我俱若喪雲山豈殊調清風

生虛空明月見談笑怡然青蓮宮永願恣遊眺

齊賢曰莊子齊物篇南郭子綦曰今者吾喪我

汝知之乎注我自忘矣謝靈運七里瀨詩誰謂

古今殊異世可同調注謂音聲之和 士贇曰莊

子曰且有大覺而後知此其大夢也而愚者自

Tafel XXXII: Koreanischer Druck mit beweglichen Metalllettern. Kommentar zu den Gedichten von Li Po, das *Fen-lei pu-chu Li T'ai-po shih*, gedruckt mit dem *kab'in ja* Zeichensatz, der 1434 gegossen wurde.

chen Lettern die Rede ist. 1392 richtete die koreanische Regierung eine staatliche Druckerei ein, die für den Guß der Metallettern und für das Druckwesen verantwortlich war. Im Jahre 1403 fertigte die staatliche Typengießerei einen Letternsatz aus Bronze von mehreren hunderttausend Zeichen an (Tafel XXX). Neue Letternsätze wurden mindestens sieben weitere Male allein im 15. Jahrhundert gegossen (Tafel XXXI) und zahlreiche schöne Ausgaben mit ihnen gedruckt. Die dabei verwendete Letter war sehr groß. Eine Einzelletter maß etwa einen Zentimeter im Quadrat und war einen halben Zentimeter dick. Auf ihrer Rückseite gab es eine Rille, die auf eine Führungsschiene in der Druckform paßte. Wie schon bei den Keramik-Lettern von Pi Sheng wurden auch diese Lettern in ein Wachsbett gelegt, da die Ränder der Lettern nicht exakt genug geschnitten waren, um sie ohne diese Maßnahme zusammenzuhalten. Sie wurden in Sand gegossen, wobei hölzerne Lettern als Muster dienten.

Metallettern

Bewegliche Metallettern aus Kupfer oder Blei wurden ebenfalls im China des späten 15. und 16. Jahrhunderts verwendet, vor allem in den großen Städten der Unteren Yangtse-Gegend wie Nanking, Sov-chov, Wu-hsi und Ch'ang-chou, die bedeutende Literatur- und Kunstzentren waren. Manche der von solchen Metallettern gefertigten Drucke waren von hervorragender Qualität, dennoch klagte man über die häufigen Satzfehler in jenen Büchern, die mit beweglichen Lettern hergestellt worden waren (Tafel XXXII). Auch waren ihre Metallettern sehr kostspielig, da sie nicht, wie in Korea, gegossen, sondern einzeln angefertigt waren wie im Falle der beweglichen Holzlettern.

Gegossene Bronzelettern finden sich in China erst im späten 17. und frühen 18. Jahrhundert. Der vielleicht gelungenste kupferne Letternsatz, der je in China hergestellt

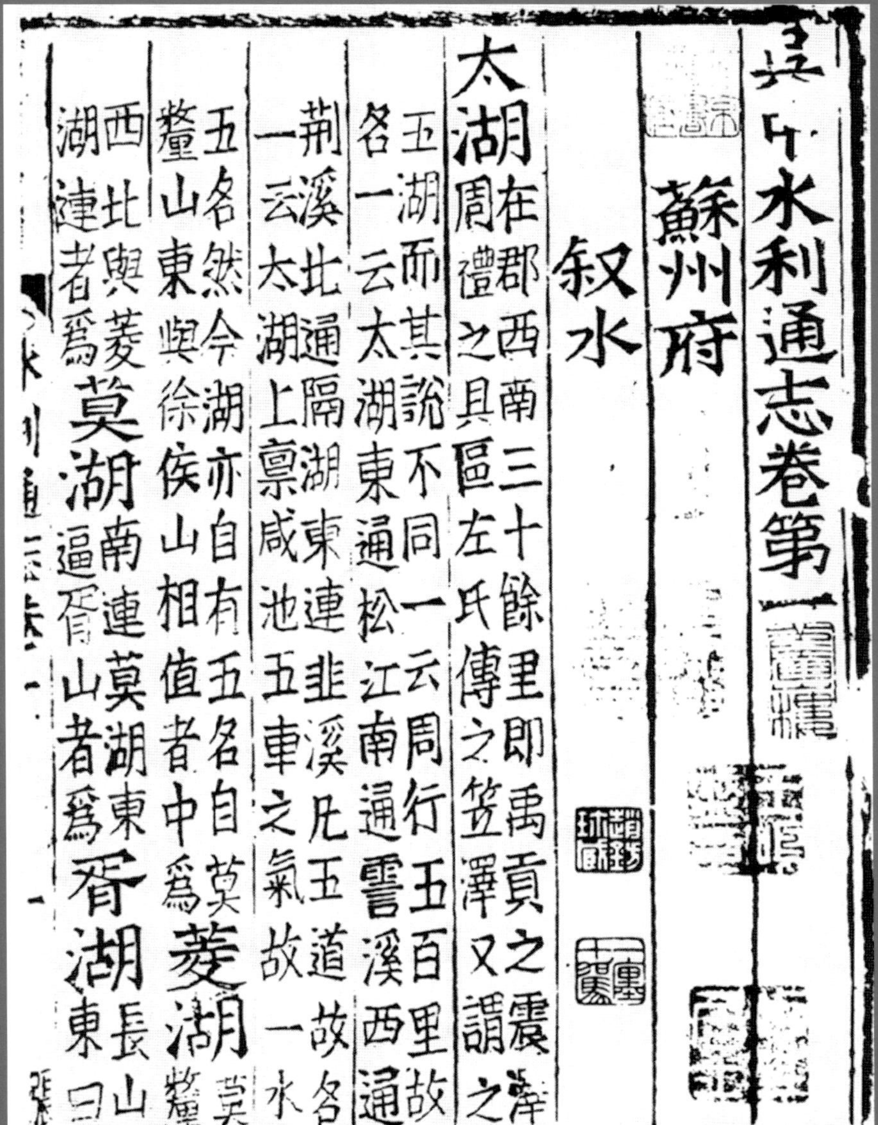

吳中水利通志卷第一

蘇州府

叙水

太湖在郡西南三十餘里即禹貢之震澤又謂之具區左氏傳之笠澤

周禮之具區
其說不同一云太湖東通松江南通霅溪西通荊溪凡五道故一水之氣故一名五湖而其一云太湖東連松江南通霅溪西通荊溪凡五道故一名五湖

一云太湖上稟咸池五車之氣故一名五湖

然今湖亦自有五名者中為莫湖

鼈山東與徐俟山相值者為莫湖

西北與菱山東連莫湖南連莫湖逼胥山者為胥湖

湖連者為莫湖東長山曰

Tafel XXXIII: Bewegliche Kupferlettern der späten Ming-Zeit.
Das *Wu-chung shui-li t'ung-chih*, ein Buch über den Wasserschutz im Yangtzu-Delta, gedruckt 1524 mit beweglichen Kupferlettern von An Kuo aus Wu-hsi. *CKPKTL*, Tafel 622.

wurde, wurde für den Druck der riesigen kaiserlichen Enzyklopädie *Ku-chin T'u-shu chi-ch'eng*, eines Werkes von 800.000 Seiten mit mehr als 100.000.000 Zeichen, gegossen. Die verwendete Schrift war sehr groß, und als der Letternsatz, der unter Verwendung von Keramik-Gußformen entstand, die wiederum von hölzernen Mustern gefertigt worden waren, gegossen war, umfaßte er mehr als eine Viertel Million Lettern, deren Herstellung neun Jahre, nämlich von 1713 bis 1722, gedauert hatte (Tafel XXXIV). Allein im Hinblick auf das Metall war dieses Unternehmen ungeheuer kostspielig. Nach der Drucklegung der Enzyklopädie wurde der Letternsatz im Jahre 1744 eingeschmolzen und das Metall zur Herstellung von Kupfermünzen wieder verwendet. Als im weiteren Verlauf des Jahrhunderts der Kaiser Ch'ien-lung ein gewaltiges Programm zum Nachdruck seltener Bücher in Auftrag gab, riet sein Regierungsdrucker, Chin Chien (interessanterweise ein Mann koreanischer Abstammung), die kaiserliche Druckerei (Wu-ying tien) solle von den Metallettern zum Gebrauch beweglicher Holzlettern zurückkehren. Seinem Vorschlag wurde stattgegeben, und der Letternsatz von etwa 253.000 Stück in zwei Größen wurde innerhalb von sechs Monaten geschnitten. Glücklicherweise schrieb und druckte Chin Chien ein sehr detailliertes Handbuch über die damals verwendeten Drucktechniken, das er zudem mit schönen Holzschnitten illustrierte (Tafel XXXIII). Dieses Handbuch, mit dem Titel *Wu-ying-tien chü-chen pan ch'eng-shih*, wurde vollständig ins Englische und Deutsche übersetzt und samt Illustrationen veröffentlicht.[20]

Die Vorteile des Holzdruckes

Obwohl die Chinesen die für den Druck mit beweglichen Lettern notwendigen Techniken und Verfahren perfektionierten, setzte sich diese Technik in China nicht durch. Der Hauptgrund lag in derselben Schwierigkeit, die den chine-

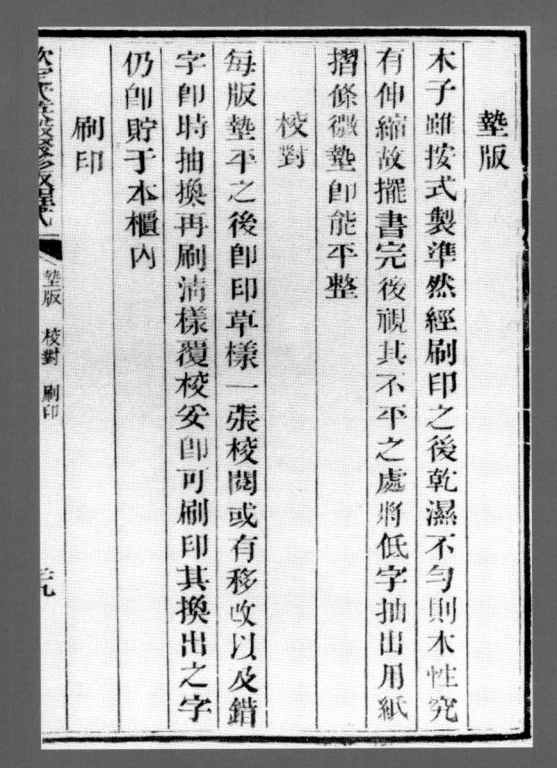

Tafel XXXIV: Setzer setzen ein Buch aus beweglichen Holzlettern.
Illustration aus dem *Wu-ying-tien chü-chen-pan ch'eng-shih*, einem Handbuch über den Druck mit beweglichen Lettern, das 1777 von Chin Chien, dem Leiter der Kaiserlichen Druckerei (Wu-ying-tien), verfaßt wurde. Die abgebildete Seite aus diesem Werk ist mit den beschriebenen beweglichen Holzlettern gesetzt. Gest Oriental Library, Princeton University.

sischen Druckern bis heute Probleme bereitet. Ein technisches Verfahren, das für ein alphabetisches Schriftensystem mit einer kleinen Menge vergleichsweise einfacher Zeichen wie geschaffen ist, stellte sich als ausgesprochen unwirtschaftlich und unhandlich heraus, als es für den Druck einer Schrift verwendet wurde, die einen beständigen Vorrat von ungefähr 10.000 verschiedenen Schriftzeichen erforderte, die permanent durch neue Schriftzeichen, die nicht zum Bestand gehörten, ergänzt werden mußten. Zudem war es schwierig, Holzlettern mit ausreichend hoher Präzision herzustellen; Keramiklettern waren zerbrechlich, und weder Metall- noch Keramiklettern erzielten beim Druck mit chinesischer Tusche ein ebenmäßiges Druckbild. Auch erforderte der Besitz eines metallenen Letternsatzes von 100.000 oder mehr Schriftzeichen aus massivem Kupfer in einem Land, das unter solch einem chronischen Kupfermangel litt, daß selbst die Herstellung von Münzen problematisch war, eine hohe Investition, allein im Hinblick auf das Metall.

Der Druck vom Holzstock hatte dem gegenüber viele Vorteile. Er ermöglichte die Wiedergabe jeglicher Schriftbilder, Illustrationen oder sogar ausländischer Schriften (auf den Philippinen fertigten chinesische Blockdrucker mit dieser Technik Ausgaben lateinischer und spanischer Werke an). Man konnte diese Drucktechnik benutzen, um frühere Ausgaben oder Handschriften zu faksimilieren, und die Stöcke waren ein unerschöpflicher Vorrat der unterschiedlichsten Schriften in jeglicher Größe. Solche Überlegungen waren nicht nur von kommerzieller Bedeutung. Kalligraphie war immer schon eine Kunst gewesen, die in Ostasien weit verbreitet und hochgeschätzt wurde. Mit dem Blockdruck konnten individuelle Wünsche berücksichtigt und höchste ästhetische Ansprüche erfüllt werden. Zudem konnten die einmal hergestellten Stöcke auf unbegrenzte Zeit gelagert werden. Die Stöcke einiger Bücher aus dem 17. Jahrhundert wurden noch in unserem Jahrhundert benutzt. Auch bedeutete der Druck mit Stöcken, daß statt einer großen Auflage nur einige wenige

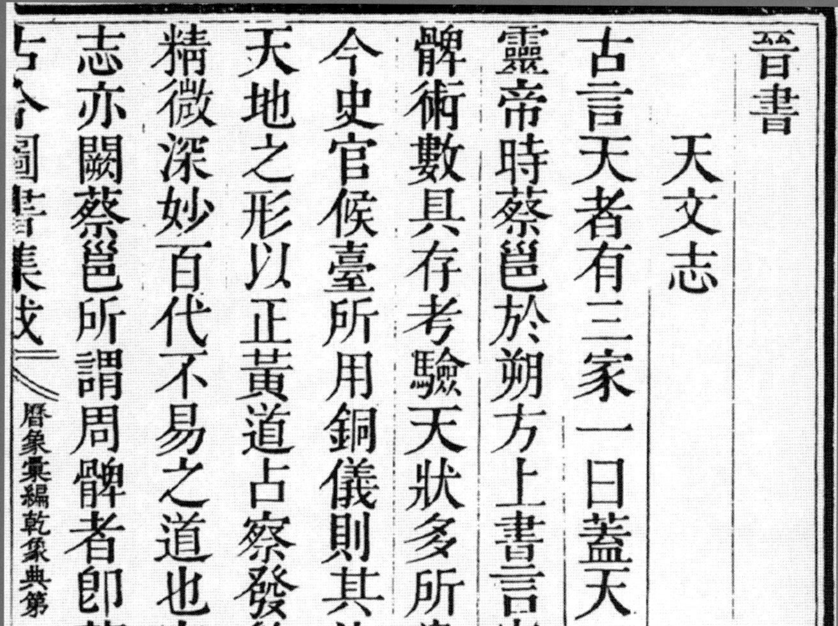

晉書

天文志

古言天者有三家一曰蓋天二曰宣夜三曰渾天漢
靈帝時蔡邕於朔方上書言宣夜之學絕無師法周
髀術數具存考驗天狀多所違失惟渾天近得其情
今史官候臺所用銅儀則其法也立八尺圓體而具
天地之形以正黃道占察發斂以行日月以步五緯
精微深妙百代不易之道也官有其器而無本書前
志亦闕蔡邕所謂周髀者即蓋天之說也其本庖犧

曆象彙編乾象典第一卷天地總部彙考一之五

Tafel XXXV: Chinesische bewegliche Kupferlettern.
Eine Seite aus der Enzyklopädie *Ku-chin t'u-shu chi-ch'eng*. Der Zeichensatz wurde eigens für den Druck dieses riesigen Werkes in den Jahren 1713–1722 angefertigt, aber 1744 eingeschmolzen. Das abgebildete Werk wurde 1726 gedruckt.

Exemplare nach Bedarf gedruckt werden konnten, eine frühe Form des „Publishing on demand", den wir mit modernen Reprographietechniken assoziieren. Da ein im Blockdruck hergestelltes Buch aus einzelnen Seiten zusammengesetzt wurde, war es ein Leichtes, es mit zusätzlichem Material zu ergänzen.

Vielleicht war der Druck vom Holzstock die flexibelste Methode, wenn es darum ging, Text und Illustration zu verbinden. Schon die erhaltenen Drucke aus der T'ang-Zeit enthielten Illustrationen, und unter den Sung, Chin, Mongolen und Ming (vom 13. bis 17. Jahrhundert) enthielten die in den wichtigeren Druckzentren publizierten Bücher regelmäßig Illustrationen. Selbst die gefragten billigen Drucker aus Fukien stellten zahlreiche illustrierte Bücher her – Biographien, Romane, Theaterstücke, medizinische Bücher, allgemeine Handbücher über Landwirtschaft, Botanik und Handwerk, sowie allgemeine Enzyklopädien und Schulbücher. Andere Drucker experimentierten mit Mehrfarbendruck, wobei sie mehrere Stöcke sowohl beim Drucken des Textes als auch der Illustrationen einsetzten. Ihren Höhepunkt erreichte die technische Virtuosität der chinesischen Blockdrucker in der Zeit vom späten 16. bis zum 18. Jahrhundert. Die Tatsache, daß es ein so reiches Angebot an guten Facharbeitern gab, ließ die Weiterentwicklung des Drucks mit beweglichen Lettern auf Grund ihrer zahlreichen immanenten Problemen hinderlich und unrentabel erscheinen, außer für sehr große spezielle Druckprojekte.

Die inhärente Schwierigkeit beim Setzen einer Schrift mit einer nahezu unbegrenzten Anzahl an Schriftzeichen führte schließlich zur Verdrängung des Druckverfahrens mit beweglichen Lettern zugunsten des Buchdrucks mit Holzstöcken. Die damals aufgetretenen Probleme sind noch heute aktuell. Selbst im Zeitalter der Computer und der fortgeschrittenen Fotosatztechnik sind die Probleme, die die Speicherung und der effiziente Zugriff auf einen so enorm großen Zeichensatz aufwerfen, schwer zu lösen. Vielleicht ziehen die Chinesen im Bereich der Telekommu-

Auch in Europa wurden früh Versuche angestellt, chinesische Zeichen zu drucken. Ein bis heute angewendetes und gerade auch für den Computersatz geeignetes Verfahren hat der Leipziger Verleger Johann Gottlob Immanuel Breitkopf 1789 erfunden: Er setzte die Zeichen für den Druck aus ihren graphischen Komponenten zusammen; dadurch wird die Zahl der Lettern wesentlich überschaubarer und der Satz einfacher. Breitkopfs Probedruck wirkt für chinesische Augen amateurhaft – aber seine Idee hat sich durchgesetzt. Breitkopf: *Exempium Typographiae sinicae.* Leipzig 1789. HAB Bd 4° 88

nikation, analog zu ihrer Geschichte der Drucktechnik, die relativ kostspielige Bildfernübertragung (die moderne Form des Blockdrucks) dem Versuch vor, das ganze Repertoire von Schriftzeichen in digitalisierter Form zu speichern und abzurufen (das Äquivalent zu beweglichen Lettern im Zeitalter der Raumfahrt). Das Problem lag nicht in fehlendem Einfallsreichtum oder fehlendem technischen Wissen, sondern in der Natur der chinesischen Schriftsprache.

Anmerkungen

1 Zur Geschichte des Papiers in China vgl. P'an Chi-hsing, *Chung-kuo tsao-chih chi-shu shih-kao* (Abriß der Geschichte der Papierherstellungstechniken in China), Peking 1979. Dieses Buch übertrifft bei weitem frühere Darstellungen des Themas in westlichen Sprachen. Es ist außerdem reich bebildert.

2 Zum Kyongju *dhâranî* siehe *Hanguk koinsoe sa* (Die Geschichte der Anfänge des Drucks in Korea), Seoul (Korean Library Science Research Institute) 1976, S. 40–42. Das Dokument mag älter sein als der Stûpa, in dem es untergebracht war. Die Verwendung der Schriftzeichen der Kaiserin Wu aber, die offiziell von Dezember 689 bis zu ihrer Abdankung im Jahre 705 in Gebrauch waren, bedeutet *nicht*, daß es während dieser Jahre gedruckt wurde. Die Schriftzeichen wurden auch noch bis weit ins 9. Jahrhundert hinein verwendet, wie wir an Beispielen aus den Tunhuang-Funden sehen, besonders da, wo es um die Anfertigung einer 'authentischen' Kopie ging. In diesem Fall wurde das *Dhâranî* durch den tocharischen Meister Mi-t'o-shan im Jahre 704 ins Chinesische übersetzt. Die Originalversion wird also die Schriftzeichen der Kaiserin verwandt haben, so daß es nicht verwundert, sie in späteren Ausgaben wiederzufinden. Ich möchte Herrn J. Byon von der Gest Library in Princeton dafür danken, daß er mich auf das *Hanguk koinsoe sa* aufmerksam gemacht und mir geholfen hat, Material für die Abbildungen zu finden.

3 Es gibt noch zwei weitere Fragmente, die älter sein mögen als das Kyongju *dhâranî* oder die für die Kaiserin Shôtoku gedruckten Formeln. Das erste besteht aus einem Satz von sieben Blättern aus einem *K'ai-yüan tsa-pao* aus den Jahren 712 bis 741, einst im Besitz eines gewissen Herr Yang aus Chiang-ling, Hupeh. Es war angeblich kaum zu entziffern. Es soll Teil eines Hofanzeigers oder -umlaufs, ähnlich dem von Sun Ch'iao, einem Autor aus der späten T'angzeit, in einem Aufsatz aus dem Jahre 851 beschriebenen, gewesen sein. Solch ein offizieller Hofanzeiger wäre wohl kaum in einer so groben Aufmachung erschienen. Die Fragmente sind mit ziemlicher Sicherheit eine Fälschung. Vgl. Tokushi Ryûshô, *Tôyô insatsu shi josetsu*, Kyoto 1951, S. 37–38; Tokushi Ryûshô, *Tôyô insatsu shi Kenkyû*, Tokyo 1981, S. 23; Carter-Goodrich, *The invention of printing in China and its spread westward*, New York 1955, S. 62. Die anderen Stücke kommen ernsthafter in Betracht, denn sie wurden anläßlich der Otani-Expedition zwischen 1912 und 1915 in Turfan entdeckt. Vor allem befinden sich einige kleine Bruchstücke eines in großen und eleganten Typen gedruckten Exemplars des *Saddharma pundarîka sûtra* unter ihnen. Die Fragmente sind sehr klein, so daß sie nicht datiert werden können, das Layout der Schriftrolle aber, zu der sie gehörten, ähnelte den Tun-huang-Funden aus dem 9. Jahrhundert insofern, als der Text einen gedruckten oberen und unteren Rand besaß. Reproduktionen finden sich in Uehara Yoshitarô (Hrsg.), *Shin Saiiki*, Tokyo 1937, Bd. 1, ungez. Tafel. Ebenso aus Turfan stammen zwei große Fragmente einer anderen Druckversion eines Teils derselben *Saddharma pundarîka sûtra*. Eines davon befindet sich in der Rara-Sammlung der Ryûkoku-Universität in Kyoto, das andere gehörte dem Japanischen Bibliophilen Nakamura Fusetsu bis zu dessen Tod im Jahre 1943. Tokushi Ryûshô (1951) zufolge gehören die Fragmente zusammen und bilden eine Schriftrolle von 236 Textzeilen mit 24 Zeichen pro Zeile. Die Zeichen sind sehr schön. Der Text mißt nur etwa 11,5 Zentimeter. Nakamura soll den Text in seiner eigenen Sammlung im Jahre 1936 mit der Behauptung, es handele sich um einen Sui-Druck (581–617), veröffentlicht haben, Tokushi aber sagt, daß seine Schlußfolgerung einer näheren Überprüfung nicht standhalte. Laut Nagasawa Kikuya, *WaKan sho no insatsu to sono rekishi* (Tokyo 1952), soll der Druck einige der zwischen 689 und 705 in Gebrauch gewesenen Zeichen der Kaiserin Wu verwandt haben. Demnach dürfte er aus dem frühen 8. oder sogar späten 7. Jahrhundert stammen; allerdings wurden diese Zeichen bis weit ins 9. Jahrhundert hinein benutzt, so daß auch diese Beweisführung wie im Falle des Kyongju-Dokumentes nicht schlüssig ist. Diese beiden Teile derselben Schriftrolle haben eine gegenüber der *sûtra* aus dem 9. Jahrhundert etwas andere Form, insofern sie keinen gedruckten oberen und unteren Rand haben.

4 Vgl. Carter-Goodrich, S. 54–59. Siehe auch L. Giles: *Descriptive Catalogue of the Chinese Manuscripts from Tunhuang in the British Museum* (London 1957), S. 279, Nr. 8083, P. 2. Dieser Eintrag erwähnt ein Schriftstück, das man früher fälschlicherweise für eine gedruckte Notiz aus dem Jahre 594 hielt, das aber mittlerweile als Manuskript erkannt worden ist. Vgl. Carter-Goodrich, S. 40–41.

5 Vgl. Giles: *Catalogue*, S. 279, Nr. 8085, P. 13. Siehe auch L. Giles: *Six centuries at Tun-huang*. London 1944, S. 45.

6 Fonds Pelliot: Touen-houang Chinois, P. 4501 in der Bibliothèque Nationale.

7 Giles: *Catalogue*, S. 280, Nr. 8102, P. 1; Giles: *Six centuries*, S. 46.

8 Giles: *Catalogue*, S. 280, Nr. 8099, P. 6.

9 Giles: *Catalogue*, S. 280, Nr. 8100, P. 10.

10 Giles: *Catalogue*, S. 280, Nr. 8101, P. 12.

11 Giles: *Catalogue*, S. 279, Nr. 8084, P. 11; 8087, P. 9; Fonds Pelliot: Bibliothèque Nationale, P. 4515, P. 4516.

12 Giles, Nr. 8087 (vgl. Anm. 11).

13 Giles: *Catalogue*, S. 280, Nr. 8093, P. 8.

14 Giles: *Catalogue*, S. 279, Nr. 8084, P. 11.

15 Vgl. Anm. 3; Liu-An: *Chung-kuo tiao-pan yüan-liu k'ao*. Shanghai 1916, S. 2 + 3.

16 Die beste Darstellung der Sung-Publikationsgesetze ist Chan Hok-lam: *Control of publishing in China, past and present*. Canberra 1983. Vgl. auch Niida Noboru: *Chûgoku hôseishi kenkyû*. Tokyo 1964, Bd. 4, S. 445–491.

17 Um einen Endruck von der Höhe solcher Beträge zu geben, sei angemerkt, daß das Monatsgehalt eines hochrangigen Ministers, wie etwa des Präsidenten des Obersten Gerichtshofes, 45.000 Cash betrug. Einer der Assessoren von niedrigem Rang am selben Gericht erhielt nur 8.000 Cash monatlich. Der Magistrat eines der Kreise der hauptstädtischen Provinz verdiente 30.000 Cash im Monat.

18 Nach Giles: *Catalogue*, S. 280, Nr. 8100, wurde das Stück P. 10 wahrscheinlich mit beweglichen Lettern aus Ton gedruckt. Vgl. auch Giles: *Six centuries*, S. 46 + 47.
19 Wang Chens detaillierter Bericht über seine eigenen Druckerfahrungen mit Holzlettern findet sich als Übersetzung in Carter-Goodrich, S. 213-217.
20 Vgl. Richard C. Rudolph: *A Chinese Printing Manual*, Los Angeles 1954. Eine andere Übersetzung dieses Werkes ist E. Schierlitz: Zur Technik der Holztypendrucke aus dem Wu-ying-tien in Peking, in: *Monumenta Serica 1* (1935 + 1936), S. 17-38.

pLiteratur

Eine umfassende Bibliographie des chinesischen Druckwesens zu liefern, wovon das meiste in chinesischer, japanischer usw. Sprache wäre, geht über die Intention des Büchleins hinaus. Die folgenden Titel erlauben dem westlichen Leser, weitere Informationen über Druck- und Verlagswesen zu finden; die Titel auf chinesisch und japanisch sind Standard-Nachschlagewerke. Die mit Sternchen versehenen enthalten Beispiele verschiedener Typen des Drucks. Es besteht eine dringende Notwendigkeit nach einer guten und aktuellen Studie des chinesischen Druckwesens in englischer Sprache. Die ausgezeichneten Werke von Carter-Goodrich und Pelliot behandeln nur die frühen Phasen der Drucks und sind durchaus veraltet. Keines handelt von der Blütezeit des chinesischen Drucks seit der späten Sung-Zeit an in Einzelheiten.

Das Buch in China und das Buch über China. Buchausstellung veranstaltet von der Preußischen Staatsbibliothek und dem China-Institut.
Frankfurt a.M. 1928. XIII, 152 S.

Carter, Thomas Francis: *The invention of printing in China and its spread westward.* Revised by L. Carrington Goodrich. 2nd ed. New York: Ronald Press 1955. XXIV, 293 S. Zitiert als 'Carter-Goodrich'.
Ein Kapitel ist inzwischen auf deutsch erschienen: Das Diamant-Sûtra – der älteste datierte Druck der Welt. Deutsch von Uwe Kotzel und Hartmut Walravens. *Philobiblon.* 38. 1994, 1-15.

Chan Hok-lam: *Sung-laws and regulations on publication and circulation.* Unveröffentlichter Vortrag von einer ACLS/Rockefeller Research Conference über 'The transformation of Chinese Law, T'ang through Ming'. Bellagio 1981. – Der Beitrag ist eingearbeitet in Chan: *Control of publishing in China, past and present.* Canberra: The Australian National University (1983). 47 S. (George Ernest Morrison Lectures in Ethnology. 44).

Edgren, Sören: *Chinese rare books in American collections.* [By] Sören Edgren, Tsuen-hsuin Tsien, Wang Fang-yu, Wang-go H. C. Weng.
(New York:) China House Gallery, China Institute in America (1985). 143 S.

Flug, K. K.: *Istorija kitajskoj pečatnoj knigi sunskoj ėpochi* [Geschichte des gedruckten Buches während der Sung-Zeit].
Moskau, Leningrad: AN SSSR 1959. 398 S.

Fuchs, Walter: Der Kupferdruck in China vom 10. bis 19. Jahrhundert.
Gutenberg-Jahrbuch. 1950, 67-87.

Gimm, Martin: The book in China.
Hendrik D. Vervliet u. a. [Hrsg.]: *Liber librorum. The book through 5000 years.*
London: Phaidon 1972, 109-128.

Goodrich, L. C.: The development of printing in China and its effect on the renaissance under the Sung dynasty.
Journal of the Royal Asiatic Society, Hong Kong Branch. 1963 (3), 36–43.

Heijdra, Martin, and Cao Shuwen: The world's earliest extant printed book from wooden movable type? Chüan seventy-seven of the Tangut translation of the Garland Sutra.
The Gest Library Journal. 5. 1992, 70–89.

Hülle, Hermann: *Über den alten chinesischen Typendruck und seine Entwickelung in den Ländern des Fernen Ostens.*
Berlin: H. Berthold 1923. 15 – 2 S. Als Blockbuch gebd.

Laufer, Berthold: Papier und Druck im alten China.
Imprimatur. 5. 1934, 65–75.

Lee, V. C.: A sketch of the evolution of Chinese book-binding.
Library Science Quarterly. 3. 1929, 539–550.

Liu Kuo-chün, Cheng Ju-szu: *Die Geschichte des chinesischen Buches.*
Peking: Verlag für fremdsprachige Literatur 1988. 150 S.

* Mote, Frederick W.: *Calligraphy and the East Asian book.* By Frederick W. Mote and Hung-lam Chu. With the collaboration of Ch'en Pao-chen, W. F. Anita Siu, and Richard Kent. Edited by Howard L. Goodman.
Boston & Shaftesbury: Shambala 1989. XIV, 248 S.

Peake, Cyrus H.: The origin and development of printing in China in the light of recent research.
Gutenberg-Jahrbuch 1935, 9–17.

Peake, Cyrus H.: Additional notes and bibliography on the history of printing in the Far East.
Gutenberg Jahrbuch 1939, 59–61.

Pelliot, Paul: *Les débuts de l'imprimerie en Chine.* Herausgegeben von Robert des Rotours mit zusätzlichen Anmerkungen und Anhang von Paul Demiéville.
Paris: Imprimerie nationale 1953. VIII, 138 S.
(Oeuvres posthumes de Paul Pelliot. 4).

Poon, Ming-sun: The printer's colophon in Sung China 960–1279.
Library Quarterly 43.1. 1973, 39–52.

Rudolph, Richard C.: *A Chinese printing manual.*
Los Angeles: The Typophiles 1954.
Sonderdruck aus: *Silver jubilee volume of the Zinbun-Kagaku Kenkyusyo, Kyoto University.* Kyoto 1954, 317–335.

Schierlitz, Ernst: Zur Technik der Holztypendrucke aus dem Wu-ying-tien in Peking.
Monumenta Serica. 1. 1935/36, 17–38.

Tsien, Tsuen-hsuin: *Written on bamboo and silk; the beginnings of Chinese books and inscriptions.*
(Chicago:) Univ. of Chicago Press (1962). XIV, 233 S.

* Tsien, Tsuen-hsuin: *Paper and printing.*
Cambridge, London, New York, New Rochelle, Melbourne, Sydney: Cambridge University Press (1985). XXV, 485 S.
(Joseph Needham: Science and civilisation in China. Vol. 5.: Chemistry and chemical technology, part 1: Paper and printing.)

Tsien, Tsuen-hsuin: Chinas Beitrag zur Erfindung des Papiers, des Buchdrucks und der beweglichen Lettern.
Unesco Kurier. 1972:12, S. 4–11.

Wood, Frances: *Chinese illustration.*
(London:) The British Library (1985). 80 S.

Wu, K. T.: The Chinese book, its evolution and development.
T'ien-hsia Monthly. 3. 1936, 25–33.

Wu, K. T.: Entstehung und Entwicklung des chinesischen Buchs.
Das Neue China. 6. 1940, 711–718.

Wu, K. T.: The development of printing in China.
T'ien-hsia Monthly 3. 1936, 137–160.

Wu, K. T.: Die Entwicklung des Buchdrucks in China.
Das Neue China 6. 1940, 635–653, 2 S. Zeichen.

Wu, K. T.: Ming printing and printers.
Harvard Journal of Asiatic Studies 7. 1943, 203–260.

Wu, K. T.: Chinese printing under four alien dynasties.
Harvard Journal of Asiatic Studies 13. 1950, 447–523.

Wu, K. T.: The development of typography in China during the nineteenth century.
Library Quarterly 22. 1952, 288–301.

Über den koreanischen Druck

Frühe coreanische Drucccunst. (Vorw. v. Pow-key Sohn.)
Seoul: Korean Overseas Information Service (1983). 89 S.

Kim, Won-young: *Early movable type in Korea.*
Seoul 1954.

Korean Library Research Institute: *Hanguk koinsoe sa* (Die Geschichte des Frühdrucks in Korea).
Seoul 1976.

McGovern, Melvin P.: *Specimen pages of Korean movable types.*
Los Angeles: Dawson 1966. 73 S. Z.

Sohn, Pow-key: *New edition: Early Korean typography.*
Shinban Kankoku no seikatsuji
(Seoul:) Po-chin-chai (1982). 488 S. gr.4°.

Die folgenden Titel sind Standardnachschlagewerke in chinesischer und japanischer Sprache:

* Chang, Ching-lu: *Chung-kuo hsien-tai ch'u-pan shih-liao.* 4 Serien.
Shanghai 1953–1956.

Ch'ü Wan-li, Ch'ang Pi-te: *T'u-shu pan-pen hsüeh yao-lüeh.*
Taipei: Chung-hua wen-hua ch'u-pan-she 1953. 184 S.

* *Chung-kuo pan-k'o t'u-lu.* Shanghai 1958, Nachdruck 1960.
Zitiert als CKPKTL.

Kawase, Kazuma: *Ko katsuji ban no kenkyû.* 2 Bde. Tokyo 1937. Revidierte und erweiterte Ausgabe in 3 Bänden 1975.

Li, Shu-hua: *Chung-kuo yin-shua shu ch'i-yüan.*
(Hong Kong: Hsin-Ya yen-chiu-so 1963.) 202 S.

Nagasawa, Kikuya: *Wa-Kan sho no insatsu to sono rekishi.*
Tokyo 1952.

* Nagasawa, Kikuya: *Zukai Wa-Kan insatsu shi.* 2 Bände.
Tokyo 1976. Zitiert als Nagasawa.

Shih, Mei-ch'in: *Chung-kuo yin-shua fa-chan shih.*
Taipei 1966.

Tokushi, Ryûshô: *Tôyô insatsu shi josetsu.*
Kyoto 1951.

Tokushi, Ryûshô: *Tôyô insatsu shi kenkyû.*
Tokyo 1981.

Yeh Te-hui: *Shu-lin ch'ing-hua.* 1. Ausg. 1911, Revision 1920.
Viele Nachdrucke.

Viele interessante Beiträge, mit ausgiebigen Illustrationen, sind erschienen in *The Gest Library Journal* (ab Bd. 7: *The East Asian Library Journal;* Princeton 1987 – [laufend]).

Helwig Schmidt-Glintzer

Die Authentizität der Handschrift und ihr Verlust durch die Einführung des Buchdrucks

Nachwort

Wir kennen die Geschichte des Druck- und Verlagswesens noch lange nicht gut genug, und dabei befinden wir uns heute – wenn die Anzeichen nicht trügen – bereits an der Schwelle zu einer ganz neuen Ära des Umgangs mit Schriftlichkeit. Solche Übergangslagen machen einen Blick in die Zeit der Ablösung der handschriftlichen Überlieferung durch den Buchdruck besonders reizvoll.[2] Die Einführung des Buchdrucks in China stand unter anderen Rahmenbedingungen als der Beginn des Buchdrucks im Europa des 15. Jahrhunderts. Daher möchte ich im Anschluß an die Darstellung von Denis Twitchett einige Anmerkungen zur Einführung des Buchdrucks in China machen, in denen von den Konsequenzen dieser neuen Technik ebenso die Rede ist wie von den dadurch ausgelösten Irritationen.

Bei einer Betrachtung der Beziehungen zwischen Buchdruck und Handschrift in Ostasien fällt zunächst auf, daß die Pflege der Handschrift immer auch Teil der Kunst war – große Maler waren zumeist ebenfalls bedeutende Kalligraphen, ja, die Kalligraphie wurde höher geschätzt als die Malerei.[3] Doch dies war nicht der einzige Grund dafür, daß auch nach der Einführung des Buchdrucks einzelne Werke und ganze Werkeditionen nur in handschriftlicher Fassung vorgelegt wurden. So wurden manche verlorene Werke in größeren Sammlungen durch handgeschriebene Exemplare ergänzt, und manche seltene Drucke wurden durch Abschreiben vervielfältigt. Vor allem aber erschienen manche ausschließlich für den Kaiserhof angefertigte Editionen nur als Handschriften, wie etwa die große Enzyklopdie *Yung-lo ta-tien* („In der Yung-lo-Ära zusammengestellte Sammlung grundlegender Schriften"). Dieses Projekt, an dem zeitweise über zweitausend Gelehrte arbeiteten, war bereits von dem Dynastiegründer Ming T'ai-tsu (regierte 1368 bis 1398) in Auftrag gegeben worden, wurde dann aber erst von dessen Sohn Chu Ti, dem Yung-lo-Herrscher, ins Werk gesetzt und im Jahre 1409 vollendet. Diese nur in Bruchstücken erhaltene Enzyklopädie umfaßte 22877 Kapitel in über 11000 Heften und zitierte zu einzelnen **Stich-**

1. Die 20 573 Bücher *(chüan)* der im Jahre 1409 abgeschlossenen kaiserlichen Enzyklopädie *Yung-lo ta-tien* wurden zwischen 1562 und 1567 nochmals handschriftlich auf Papier mit vorgedruckten Linien und Rändern übertragen. 35,3 x 23,3 cm.

worten zum Teil umfangreiche Texte.[4] Dieses Werk wurde in den Jahren 1562 bis 1567 nochmals abgeschrieben. Auch die nach einem Herrscherwechsel übliche Zusammenstellung der Taten und Handlungen des vorangehenden Herrschers *(shih-lu)* wurde nur handschriftlich aufgezeichnet und in zwei Ausfertigungen aufbewahrt.[5] Dieses Fortleben der Tradition des handgeschriebenen Buches steht in gewissem Gegensatz zu der in der späteren Überlieferung merkwürdigen Geringschätzung der alten authentischen Handschrift. Dies hat natürlich auch etwas mit dem Material und seiner unter den obwaltenden klimatischen Bedingungen starken Vergänglichkeit zu tun – Pergamenthandschriften etwa hat es in China nicht gegeben.[6] Doch gab es für die Ersetzung der Handschrift durch den Druck auch andere Gründe, was sich schon daran zeigt, daß in dem feudalistischen Japan im Gegensatz zum bürokratisch-zentralistischen China die Handschrift und die Handschriftenkultur bis in die Gegenwart auch für die historische Forschung und nicht nur für die Kunstgeschichte eine zentrale Rolle gespielt hat.

Klagen über die negativen Folgen des Buchdrucks

Handgeschriebene Bücher gab es also weiterhin, und nur der Handschrift wurde Originalität und Authentizität zugeschrieben. Dies spiegelt sich in China bis in die Gegenwart in dem Umstand, daß die Handschrift herausragender Persönlichkeiten, vor allem von Kaisern und Politikern wie Mao Tse-tung, als Inschriften öffentliche Gebäude oder Gedenkstätten ebenso zieren wie Buchumschläge. Dies wurde dadurch begünstigt, daß man durch geeignete Reproduktionstechniken Handschrift, zum Teil in vergrößerter Form, auf Stein, Holz oder andere Materialien zu übertragen gewohnt war.

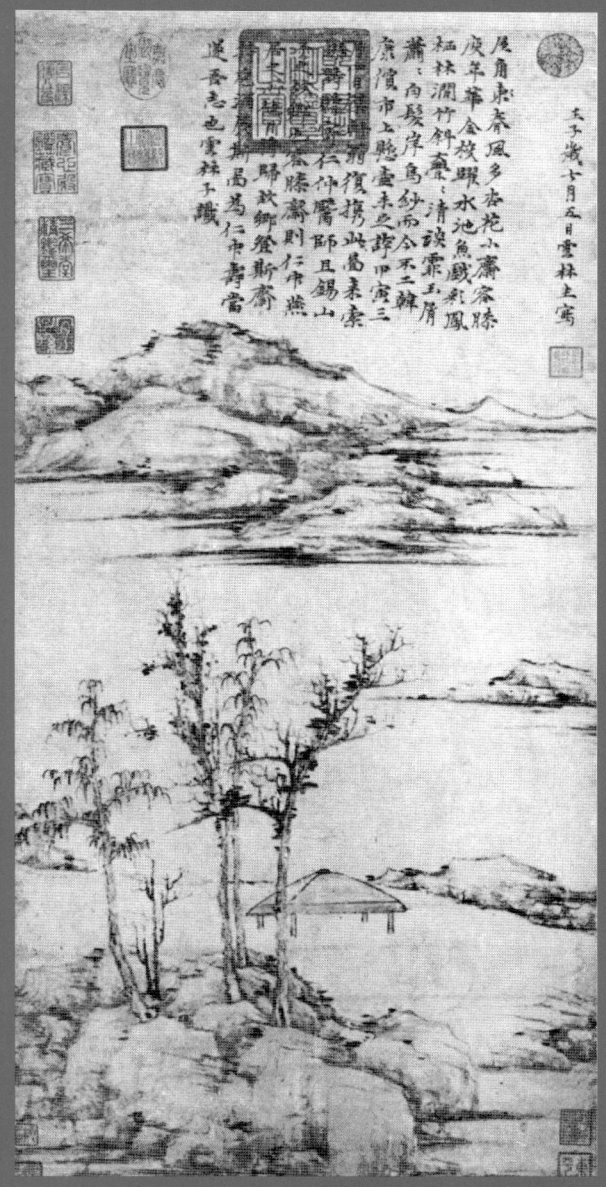

2. Neben Sammlerstempeln wurden nachträglich häufig auch Gedichte auf Bilder geschrieben. „Das Jung-hsi-Studio" ist der zusammen mit dem Gedicht später hinzugefügte Titel des im Jahre 1372 mit Pinsel und Tusche gemalten Landschaftsbildes des Malers Ni Tsan (1301-1374).

Die Literatenschicht konnte sich wohl auch niemals ganz mit einer vollständigen Ersetzung der Handschrift durch den Buchdruck anfreunden, war doch die Kalligraphie ein zentrales Element der Persönlichkeitsbildung im älteren China.[7] Eine Anekdote aus der Textsammlung „Berichte des I-chien" *(I-chien chih)*[8] veranschaulicht das nachhaltige Mißtrauen gegenüber dem Buchdruck, wenn sie von fünf namentlich genannten Buchdruckern berichtet, die bei der Herstellung von Druckplatten für medizinische Rezepte aus Bequemlichkeit komplizierte Zeichen durch einfachere ersetzt hatten, mit entsprechenden Folgen für die Anwender der Rezepte! Doch konnten sie, so wird berichtet, der gerechten Strafe nicht entgehen, denn sie wurden vom Blitz erschlagen.[9] In der Frühzeit des Buchdrucks führten auch Neid und Mißgunst einiger Erfolgsautoren – die Druckausgabe der Werke Wang An-shihs (1021-1086) dominierte fast ein halbes Jahrhundert die Gelehrtenwelt – zu einer Abwertung der neuen Technik.

Die entscheidende Konsequenz der Einführung des Buchdrucks war, daß die Texte ein Eigenleben begannen und sich die Vorstellung von der Authentizität eines Textes grundlegend änderte. Doch bis es dahin kam, daß „die Leute ihre eigenen Handschriften der Klassiker und der Geschichtswerke beiseite legten und nur noch die Druckausgaben als korrekt betrachteten", wie es ein Autor des 12. Jahrhunderts formulierte, dauerte es mehr als hundert Jahre.[10] Die zunehmende Verfügbarkeit der zentralen Texte in gedruckter Form führe, so beklagte sich Su Shih, alias Su Tung-p'o (1037-1101), zu einem Verlust an Gelehrsamkeit. Und Ch'ao Yeh-chih (1059-1129) schrieb anläßlich einer Druckausgabe der Werke des berühmten T'ang-Dichters Tu Fu: „Früher hatten die Menschen Erfahrungen mit Schriftstücken, doch heute gehen die Leute gleich davon aus, daß Druckausgaben den korrekten Text *(cheng-wen)* wiedergeben."[11] Ch'ao war daher besorgt, die Druckfehler würden nicht mehr aufgespürt. Noch viel drastischer äußerte sich der Gelehrte Yeh Meng-te (1077-1148). Er meinte, die Erfindung des Buchdrucks habe zu einer Ver-

3. Die Kaiserlichen Regesten wurden von den nachfolgenden Herrschern in Auftrag gegeben und in der Regel handschriftlich in zweifacher Ausfertigung ins Reine geschrieben. Die eine Kopie war für den Palast, die andere für das Geschichtsamt bestimmt. Die Entwürfe wurden anschließend verbrannt. Hier zwei Seiten aus dem 1418 fertiggestellten Teil des *Ta-Ming shih-lu* in einer Abschrift aus dem 17. Jahrhundert. Seitenformat 21,3 x 12,5 cm.

schlechterung der Qualität der Texte geführt, weil Bücher sorgloser gekauft würden und die Arbeit an den Texten in den Hintergrund träte.

Tatsächlich war es ja eine Jahrhunderte lang gepflegte Tradition gewesen, daß Sammler von Handschriften diese miteinander verglichen.[12] Gerade weil dieser Tätigkeit des minutiösen Handschriftenvergleichs die Grundlage entzogen zu werden drohte, wurde das gedruckte Buch als Verlust empfunden. Dies galt umso mehr, als die Kollationierung von Handschriften nicht nur der geistigen, sondern auch der charakterlichen Bildung diente.[13]

Eine Folge der Einführung des Buchdrucks in China war, daß das meiste, was überliefert wurde, auch gedruckt wurde, so daß Handschriften in der Regel nicht mehr aufbewahrt wurden. Die Gefahr dieses Verlustes wurde bereits früh erkannt und in einem Memorandum aus dem Jahre 1034 folgendermaßen dargestellt:

„Frühere Dynastien überlieferten die Klassiker und die Geschichtswerke durch Abschreiben auf Papier und Seide. Auch wenn dabei Fehler vorkamen, konnten die Fassungen doch verglichen und verbessert werden. Während der Zeit der Fünf Dynastien begann man von Amts wegen mit Tusche bestrichene Holzplatten zum Druck der Sechs Klassiker einzusetzen, mit dem Ziel, einheitliche Textfassungen herzustellen und so den Gelehrten einen zuverlässigen Text an die Hand zu geben. Während der Regierungszeit T'ai-tsungs (976-997) wurden auf diese Weise auch die Geschichtswerke des Ssu-ma Ch'ien, des Pan Ku und des Fan Yeh gedruckt. Von da an wurden die über lange Zeit überlieferten Handschriften der Geschichtswerke und der Sechs Klassiker nicht mehr benutzt. Doch die Texte der tuschegefärbten Holzplatten sind voller Fehler. Aber das Schlimme ist nicht allein, daß sie fehlerhaft sind, sondern daß spätere Gelehrte nicht mehr auf andere Fassungen zurückgreifen können, um die Fehler zu korrigieren."[14]

Diese Klage eines unbekannten Autors des 11. Jahrhunderts, die häufig wiederholt wurde und doch nichts an der Durchsetzung des Buchdrucks änderte, war die Klage über den Verlust einer Tradition. Allerdings gab es eine Tendenz, sich für diesen Verlust durch die in der Tradition des Ch'an-Buddhismus (Japanisch: Zen) gepflegte Form des Selbstausdrucks zu entschädigen. Bezeichnenderweise hat

承議郎新權知龍州鄲州簽判內都勸農事管界沿邊都巡檢使借紫臣王偁上進

范質字文素大名宗城人也母張氏夢人授五色筆而質生九歲
善屬文父唐長興中舉進士為忠武軍推官晉天福中懷其文見宰
相桑維翰維翰奇之擢監察御史稍遷主客員外郎直史館名入
翰林為學士契丹入冦晉出帝命十五將出征是夕質宿直出帝
命諸學士分草制質曰官城已閉應泄機事遂獨為之辭理暢贍
當時文士皆歎服周太祖征李守貞每朝廷遣使齎詔處分軍事
皆中機會太祖問誰為此辭使者以質對太祖曰宰相器也太祖
起兵入京師遽令草太后詔及讓迴湘陰公儀襴乃白太后以質

4. Handschriftliche Kopie aus dem 17. Jahrhundert des sehr seltenen, 83 *chüan* umfassenden Geschichtswerkes *Tung-tu shih-leh* von Wang Ch'eng (um 1150).

sich die im Ch'an übliche Form der Verwendung von Pinsel, Tusche und Papier ja niemals dem an den Menschen und seine Ausdrucksimpulse gebundenen Zusammenhang entreißen lassen. Diese Tradition beeinflußte vielmehr nachhaltig die chinesische Malerei und Lyrik. Es entstand also mit der frühesten Einführung von Techniken zur Herstellung hoher Druckauflagen eine geradezu gegenläufige Tendenz, die Schriftlichkeit solchen Reproduktionsverfahren grundsätzlich zu entziehen.[15]

Wie schmerzhaft die Ablösung von der Handschriftenkultur gewesen sein muß, macht auch ein Text Yeh Meng-tes deutlich:

„Vor der T'ang-Zeit, als noch sämtliche Bücher mit der Hand geschrieben wurden und der Buchdruck noch nicht eingeführt worden war, galt das Sammeln von Büchern als ehrenvoll. Nur wenige waren dazu überhaupt in der Lage. Büchersammler verwandten große Mühe darauf, Textausgaben miteinander zu vergleichen und Verbesserungen anzubringen, so daß sie oft sehr zuverlässige Ausgaben *(shan-pen)* erhielten. Da sich die Gelehrten der Schwierigkeiten des Kopierens von Texten bewußt waren, lernten sie ganze Bücher mit großer Gewissenhaftigkeit Wort für Wort auswendig.

Während der Zeit der Fünf Dynastien schlug Feng Tao (881-954) der Regierung den Druck der Sechs Klassiker vor. In der Ch'un-hua-Ära (990-994) ließ der Kaiserhof auch das *Shih-chi*, das *Han-shu* und das *Hou Han-shu* drucken. Von dieser Zeit an gab es immer mehr Drucker, so daß das Interesse am Sammeln von handgeschriebenen Büchern abnahm. Weil der Erwerb von Büchern so einfach wurde, gab man auch das Rezitieren ganzer Texte aus dem Gedächtnis auf. Diese Entwicklung nahm ihren Lauf, obwohl die Druckplatten nicht in Ordnung waren. Alle enthielten sie Fehler. Doch diese und die folgenden Generationen akzeptierten die Holzplattendrucke, als wären sie fehlerfrei, während die bis dahin gesammelten und aufbewahrten Handschriften von Tag zu Tag immer weniger wurden, so daß die Irrtümer nun nicht mehr zu korrigieren sind. Was für ein Unglück! Als Yü Ching (1000-1064) stellvertretender Direktor der Palastbibliothek war, wies er darauf hin, daß der Text des *Han-shu* übersät mit Fehlern sei. Daraufhin [es war im Jahr 1034] erhielt er den Auftrag, zusammen mit Wang Chu (997-1057) den Druck mit älteren Ausgaben zu vergleichen und zu verbessern. Das Ergebnis war eine Fehlerliste im Umfang von 30 Rollen *(chüan).*[16]

Diese Kritik Yeh Meng-tes wurde später mehrfach wiederholt, doch gab es durchaus auch Gegenstimmen. So be-

5. Handschriftliche Fassungen dienten als Vorlage für die Anfertigung der Druckvorlage, wie hier bei dem großen Reimwörterbuch P'ei-wen yüan-fu [„Reimsammlung des kaiserlichen Studierzimmers"]. Diese 1711 fertiggestellte Reinschrift diente als Vorlage für den Druck von 1713. 23,5 x 16,3 cm.

tonte Hu Ying-lin (1551-1602), daß Yehs Urteil für die Drucke der Sung-Zeit zutreffe, doch seien die Drucke der Gegenwart mit solcher Sorgfalt gefertigt, daß nach Erscheinen einer Druckausgabe Handschriften nicht mehr verkäuflich seien.[17] Doch noch Chu Hsi (1130-1200) trauerte der Zeit der Handschriften nach und beklagte als Folge des Buchdrucks den Verfall der Lesekultur.

„Seit es Bücher in gedruckten Ausgaben gibt, lesen die Leute Bücher sorglos und unaufmerksam. Man sollte sich vergegenwärtigen, daß die Vorbildlichen des Altertums Bambusstreifen zum Kopieren von Büchern benutzten. So konnte sich nur jemand mit Vermögen Bücher leisten . . . Auch sollte man sich vergegenwärtigen, daß es drei Winter dauerte, bis Hsia-hou Sheng dem Huang Pa das 'Buch der Urkunden' übermittelt hatte. Dies hat freilich seinen Grund darin, daß es im Altertum keine geschriebenen Texte gab, so daß man sich Bücher nur durch Auswendiglernen ihres Inhalts zu eigen machen konnte . . . Und heutzutage halten die Leute sogar das Abschreiben eines Textes für eine Zumutung."[18]

Freilich blieb Chu Hsi nicht bei dieser Klage, sondern in gewisser Weise entsprach er dem Niedergang der Lesekultur durch seine Entwertung des geschriebenen Wortes, womit er in gewisser Weise der erwähnten Strömung des Ch'an-Buddhismus folgte. Es ging ihm nicht um den Text und dessen Sinn, sondern um den „Sinn hinter dem Sinn", um die Erkenntnis des Prinzips der Wahrheit. Diese Wendung hatte der jüngere Zeitgenosse Chu Hsis, Wang Po (1197-1274), einmal folgendermaßen zugespitzt formuliert: „Der Weg der Heiligen wurde dadurch, daß über ihn geschrieben wurde, verdunkelt."[19]

Das gesteigerte Bewußtsein von der Bedeutung eines wirklichen Textverständnisses war aber nicht nur eine Reaktion auf die Einführung des Buchdrucks gewesen, sondern hing auch mit einer Neubewertung der Klassiker und einer grundsätzlichen Kritik der Überlieferung zusammen.[20] Während die ältere Überlieferung und Kommentierung der Klassiker nicht grundsätzlich in Frage gestellt wurde, setzte mit der Sung-Zeit ein kritischer Umgang damit ein. Im Vordergrund stand die Frage nach der Autorschaft von Texten. Doch gegen allzu leichtfertige „Wieder-

6. Die handschriftliche Beischrift zum Inhaltsverzeichnis des Wolfenbütteler Fragments einer Druckausgabe des annalistischen Geschichtswerkes Tzu-chih t'ung-tien [„Durchgehender Spiegel zur Hilfe bei der Regierung"] des Ssu-ma Kuang (1019-1086). Die Eintragung schließt mit dem NOTA BENE „die hißtoriy schreyben das die druckerey alleerst in disem lande sey gefunden word vnd nachmals zu vnßß herauß gekommen". Cod. Guelf. 130.4 Extrav.

herstellung" alter Texte gab es auch Widerspruch. Su Tung-p'o schrieb:

„In den letzten Generationen haben die Leute leichtfertig und auf bloßen Verdacht hin Texte geändert. Da Personen mit oberflächlichem und schlichtem Charakter den gleichen Geschmack zu haben pflegen, stimmt die Masse mit ihnen berein. Die Folge ist, daß die alten Texte von Tag zu Tag mehr verfälscht werden – ein verabscheuungswürdiger Zustand! Konfuzius hat einmal gesagt: 'Ich bin so alt, daß ich noch eine Zeit gekannt habe, in der Historiker eine Lücke lassen.' Ich erinnere mich noch daran, wie die ältere Generation Texte nicht zu verändern wagte."[21]

Damit spielt Su Tung-p'o auf ein Konfuzius zugeschriebenes Diktum an, daß der Edle „nur überliefere, nicht selbst mache".[22]

Standardisierung, Zensur und Orthodoxie

Die Klassiker, deren Verbreitung seit der Han-Zeit vom Kaiserhof ausging, wurden seit der Sung-Zeit, und insbesondere im Zusammenhang mit den Druckausgaben, auch in der Echtheitsfrage an die Aufsicht durch den Kaiserhof gebunden. Gegen diese Bindung zwischen offizieller Edition und Kaiserhof konnte sich der Wahrheitsanspruch des Lesers nicht mehr behaupten. Doch führte die wachsende Zahl in den Provinzen hergestellter Klassikerausgaben andererseits zu einer Lockerung dieser Bindung. Dies gab gelegentlicher Kritik an den Editionsvorhaben des Kaiserhofs Rückhalt. In der Folge bildete sich eine gespaltene Echtheitsvorstellung heraus, wobei die Echtheit des Autortextes gegen den Korrektheitsanspruch der offiziellen Ausgabe stand. Dies führte zu einer dauerhaften In-Frage-Stellung von Authentizitätsansprüchen. Daraus wird auch verständlich, daß seit dem 11. Jahrhundert bei den Staatsexamina von den Kandidaten die Frage nach den Gründen für die Echtheit eines bestimmten Textes aus den Klassikern zu beantworten war.

聖學心法序

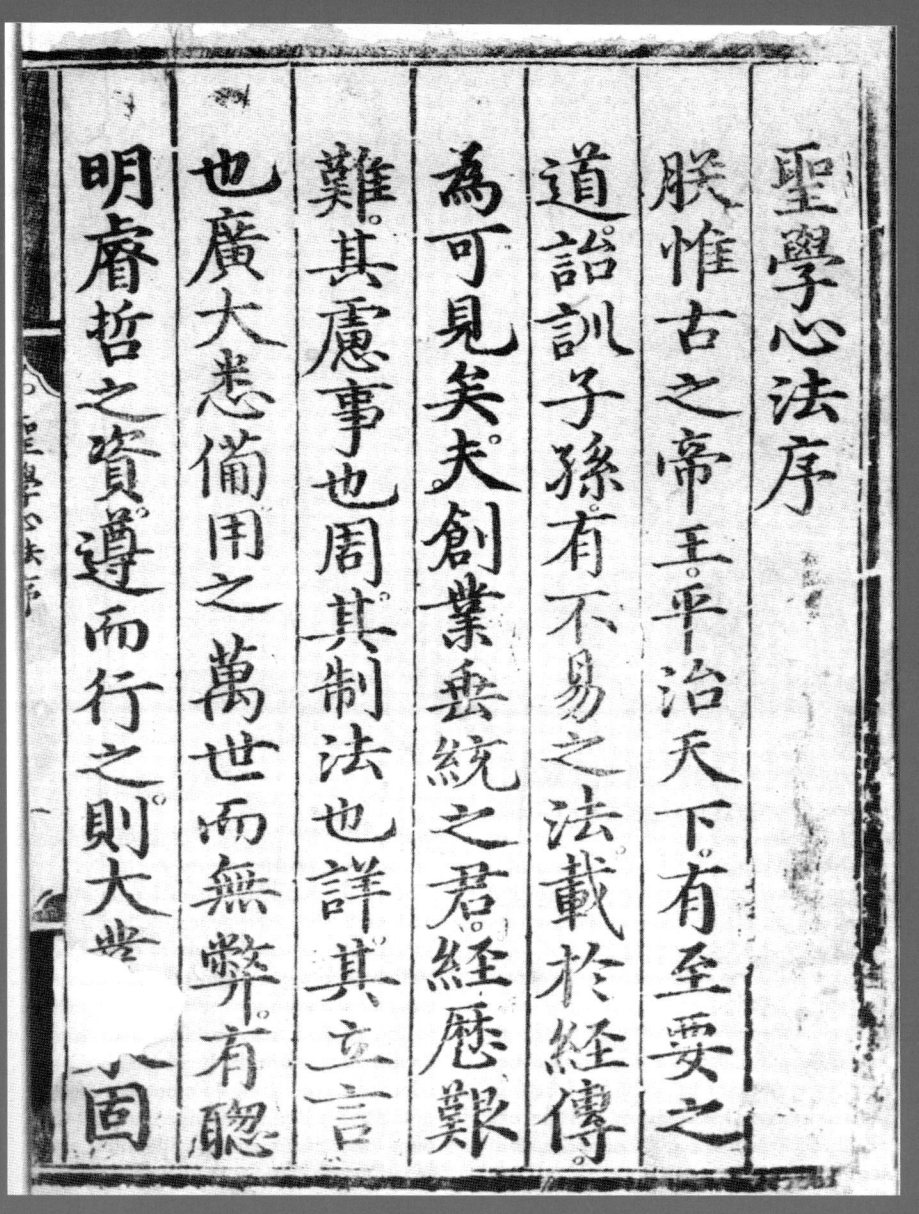

朕惟古之帝王平治天下有至要之道詔訓子孫有不易之法載於經傳為可見矣夫創業雲統之君經歷艱難其慮事也周其制法也詳其立言也廣大悉備用之萬世而無弊有聰明睿哲之資遵而行之則大

7. Handschriftliches „Kaiserliches Vorwort" Sheng-hseh hsin-fa [„Methoden zur Heranbildung des Herzens zum Heiligen Lernen"] zum konfuzianischen Instruktionsbuch, das der Yung-lo-Kaiser (regierte 1402-1424) für seine Nachkommen verfaßt hatte.

Die Auflösung der Textauthentizität durch den Buchdruck führte zu einer Destabilisierung der Überlieferung. Die Folgen waren nur zum Teil verschieden von den Folgen der Einführung des Buchdrucks in Europa. Die Konkurrenz der Drucker untereinander führte in China wie in Europa zu ähnlichen Ergebnissen.[23] Doch während dort der Buchdruck emanzipatorischen Tendenzen Vorschub leistete, konnte sich in China der Buchdruck seit jeher bis in die Gegenwart nicht dem Einfluß des Staates entziehen.

Die kritische Auseinandersetzung mit den Klassikertexten hatte in China stets die Reinigung der Überlieferung zum Ziel, man wollte „die Klassiker in Ehren halten" *(tsun-ching)*. Dabei entfaltete aber, anders als in den Auslegungstraditionen eines geoffenbarten Kanons, in China der Nachweis von nicht-authentischen Textschichten keine besondere Sprengkraft. Denn selbst wenn solche Nachweise selbst zur Standard-Überlieferung wurden, blieb der nachgewiesene Tatbestand unbeachtet, und man fußte weiter auf den Grundannahmen der Kommentatoren der Han-Zeit.

Die Herrschenden in China haben stets dazu tendiert, kritische Literatur nicht als Kritik des Verfalls, sondern als dessen Ursache zu sehen. Daher mußte sich Kritik geschickt tarnen, um nicht unmittelbar als solche zu erscheinen. Bücherverbote, Schriftenverbrennungen und Verfolgungen von Autoren aufgrund ihrer Werke waren in der Geschichte und sind bis in die Gegenwart an der Tagesordnung. In großem Stil und mit dem Anspruch einer das gesamte Herrschaftsgebiet erfassenden staatlichen Kontrolle wurden Verzeichnisse verbotener Bücher erst seit der Ming-Zeit öffentlich bekannt gemacht, worin sich eben auch die Ausweitung des Buchdrucks widerspiegelt.

Bei der Prüfung, ob ein Buch oder ein Text zu verbieten sei, sollten seit dem 17. Jahrhundert insbesondere folgende acht Fragen beachtet werden:

1. Ist das Buch gegen die Dynastie gerichtet oder ermuntert es zum Aufstand?

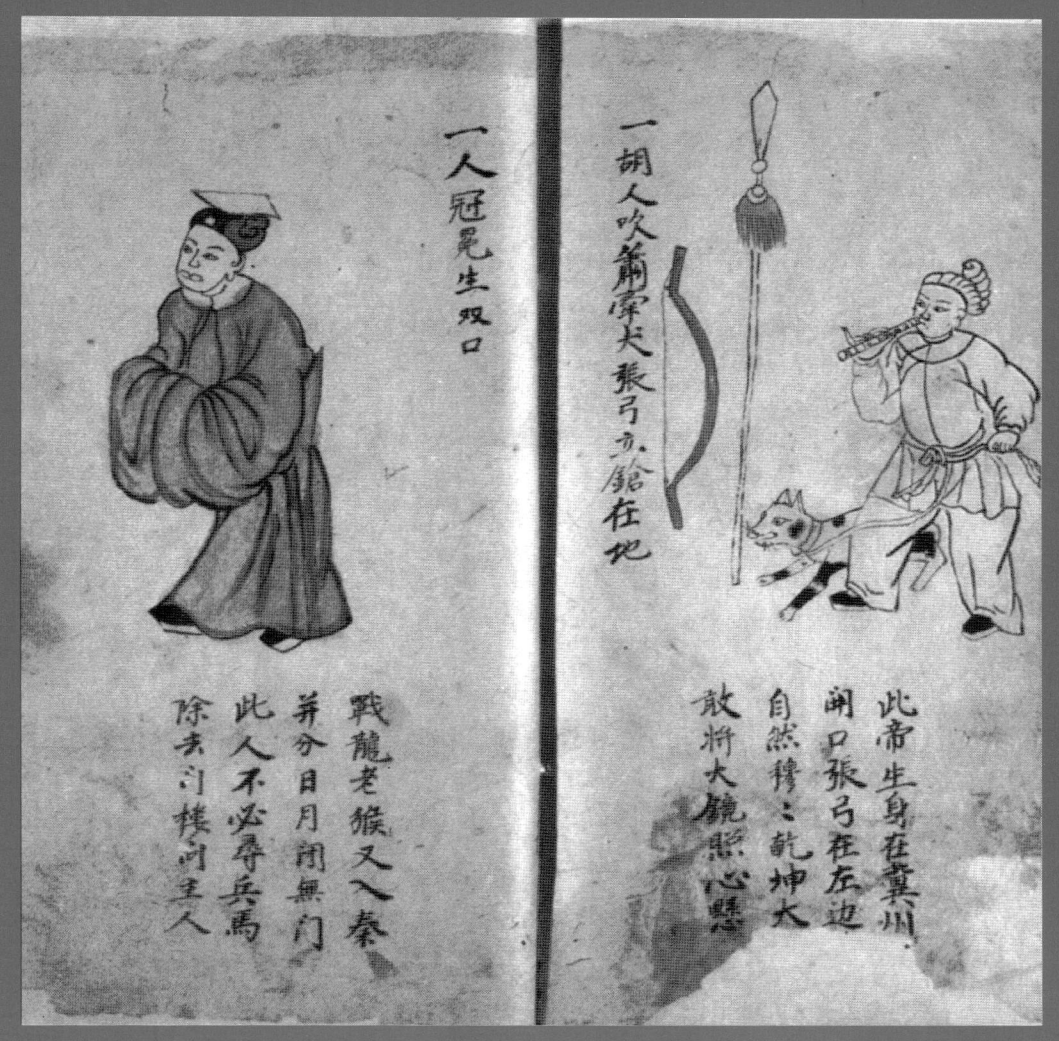

8. Subversive und regierungskritische Schriften erschienen häufig nur in wenigen handschriftlichen Exemplaren. Hier zwei Seiten aus einer illustrierten Handschrift des Weissagungsbuches T'ui-pei t'u, eines chinesischen „Nostradamus". (undatiert)

2. Verletzt es das Ansehen früherer Dynastien, auf die sich die gegenwärtige Dynastie beruft?
3. Handelt es sich um ein geographisches Werk von strategischer Bedeutung für die Sicherheit und Stabilität der Grenzen?
4. Sind es Schriften verfemter Autoren oder sind solche Schriften enthalten?
5. Enthält es heterodoxe Ansichten über die konfuzianischen Klassiker?
6. Ist der Stil unziemlich?
7. Werden die chinesisch-manchurischen Beziehungen, vor allem während der Zeit der Auseinandersetzungen, ungünstig geschildert?
8. Hat es etwas mit bestimmten politischen Gruppen oder Gruppierungen namentlich am Ende der Ming-Dynastie zu tun?

Viele Werke sind wegen dieser und anderer Verfolgungen zerstört worden, aber manche Bücher sind vielleicht auch gerade deshalb besonders sorgsam verwahrt worden und so erhalten geblieben. Am folgenreichsten dürften die Bücherverfolgungen und die Zensurmaßnahmen aber für das Bewußtsein der Literaten selbst gewesen sein, zumal ihnen durch die Erziehung eine latente Bereitschaft zur Selbstzensur und Anpassung bereits zur zweiten Natur geworden war.[24]

Privat- und Staatsbibliotheken

Mit der Einführung des Buchdrucks erhielten Privatbibliotheken zunehmende Bedeutung.[25] Daher galt auch in China die Ausweitung des Buchdrucks bei vielen Zeitgenossen, aber auch später, stets als Merkmal des Fortschritts.[26] So schreibt Ch'ien Ta-hsin (1728-1804) in seinem Vorwort zur Bibliographie der Yüan-Dynastie:

„Bis zur Tang-Zeit wurden alle Bücher von Hand kopiert. Erst während der Fünf Dynastien kam der Buchdruck auf. Während der Sung-Zeit erlebten private wie öffentliche Druckereien eine Blüte, und es gab

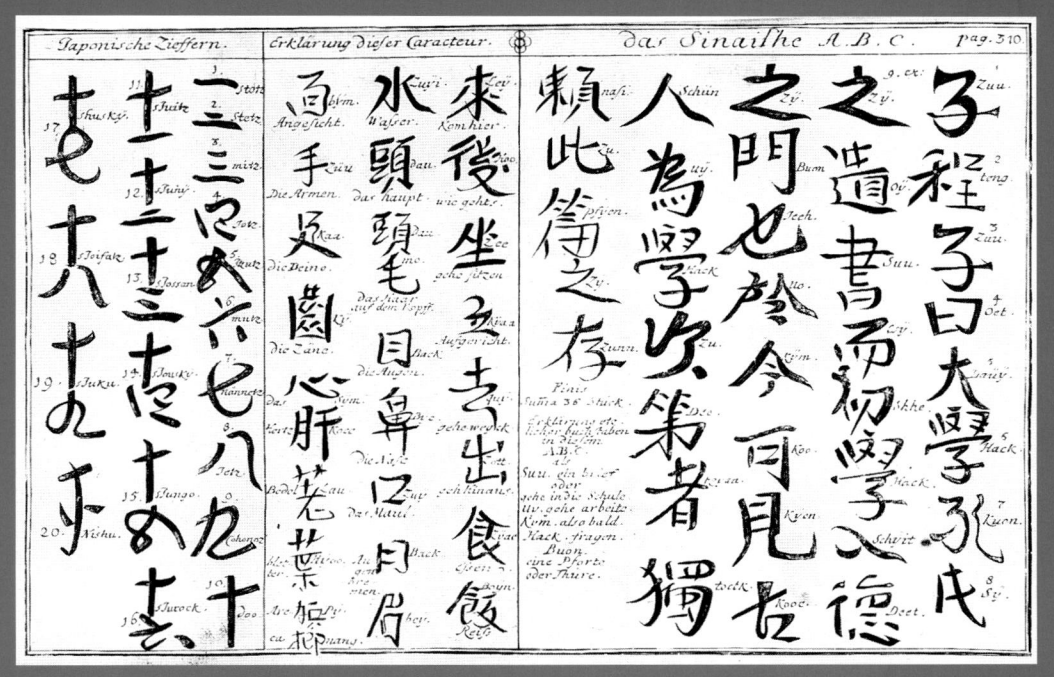

9. Die chinesische Schrift übte im Europa der frühen Neuzeit eine nachhaltige Faszination aus. Georg Meister legte in seinem Werk Der Orientalisch-Indianische Kunst- und Lust- Gärtner von 1731 „dem curieusen Leser zur Nachricht [. . .] dieses Chinesische ABC in Kupffer gestochen" vor. HAB YO 1.4 Helmst.

neben den offiziellen von der kaiserlichen Bibliothek besorgten Editionen der Klassiker besondere Ausgaben in den Provinzen Chechiang, Fuchien, Ssuch'uan und Chianghsi. Und Literaten brüsteten sich oft voreinander ob ihrer Regale voller öffentlich und privat gedruckter Bücher."[27]

Private Bibliotheken wurden zum Statussymbol, und das Sammeln von Büchern muß bei manchen Literaten eine richtige Leidenschaft gewesen sein. Die Bedeutung von Privatbibliotheken reicht bis in die Gegenwart. Auf der 1-Yan-Briefmarke zum 100. Todesjahr Mao Tse-tungs (1993) blickt der frühere „Große Vorsitzende", in einem Sessel sitzend, aus dem Bild, hinter sich eine Regalwand mit aufrecht stehenden, offensichtlich in westlicher Technik gebundenen Büchern, in der Rechten einen Stift und neben sich einen aufgeschlagenen Weltatlas. In gewisser Weise die Darstellung eines modernen, weltoffenen Mao, im Gegensatz zu Darstellungen in den 60er Jahren, als seine Gedichtmanuskripte auf Briefmarkenserien verbreitet wurden und er sich vor Regalen voller in traditioneller Weise gedruckter und in der alten „Schmetterlingsbindung" gebundener Bücher abbilden ließ.

Übertroffen wurden die privaten Bibliotheken aber von den staatlichen Bibliotheken und darunter vor allem von der Palastsammlung, die auch dazu diente, die Machtfülle der Dynastie, in der neben Altertümern und Herrschaftsinsignien Gemälde, Kalligraphien und Bücher gesammelt wurden, zu repräsentieren. Seit der Mitte des 10. Jahrhundert hatte es daher auch mehrere staatliche Unternehmungen gegeben, die konfuzianische kanonische Literatur, im Anschluß daran auch die buddhistische und die taoistische kanonische Literatur in Holzplatten zu schneiden und in großen Prachtausgaben herauszugeben. Die kaiserlichen Bibliotheken wurden ihrerseits zu bürokratischen Institutionen *par excellence*.[28]

Unter der Fremdherrschaft der Jurchen und der Mongolen wurden das Bibliothekswesen und der Buchdruck gefördert, da das Ergebnis solcher Förderung der Legitimation der bestehenden Dynastie zuträglich war. Größere

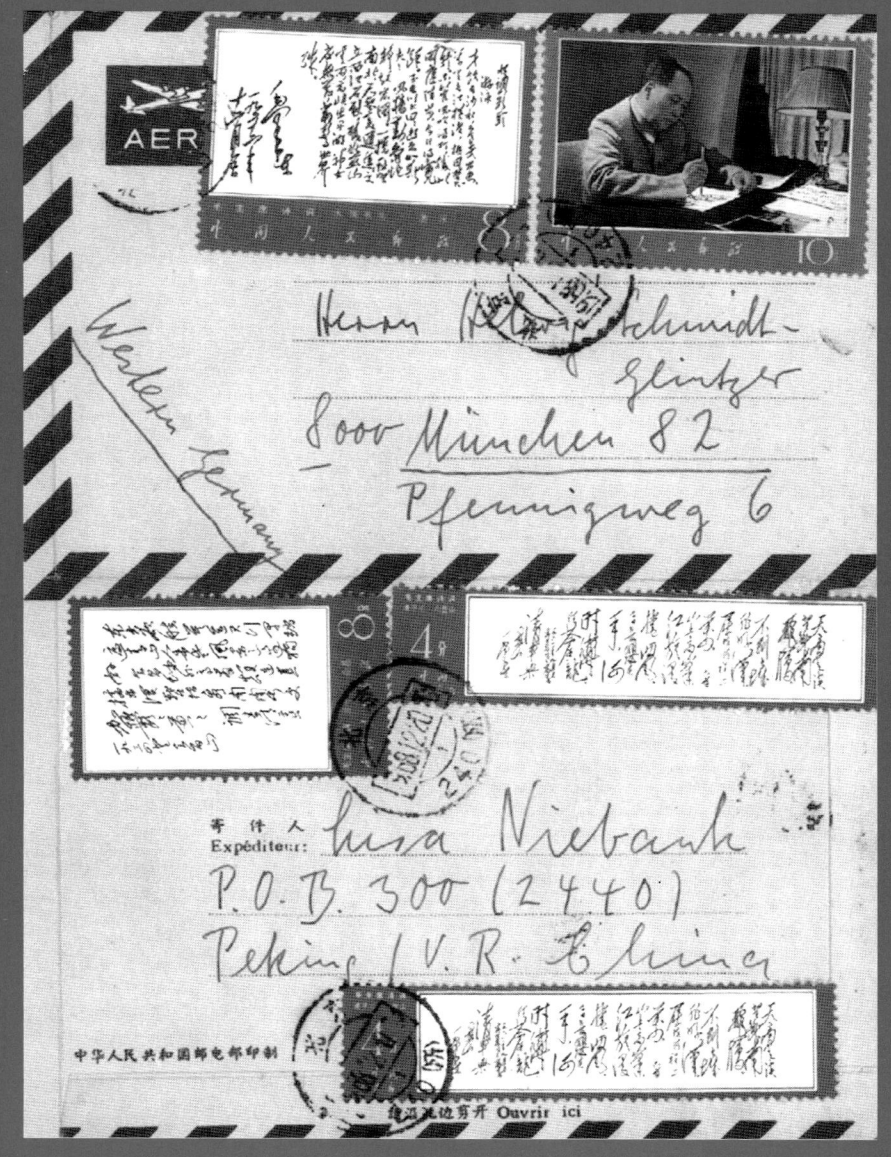

10. Die Handschrift der Herrscher wurde in vielfältiger Form, etwa in Stein geschnitten, überliefert. In dieser Tradition stand auch der „Große Vorsitzende" Mao Tse-tung, dessen Gedichte in den 60er Jahren in seiner Handschrift auf Briefmarken faksimiliert wurden und der mit dem Tuschepinsel schreibend abgebildet wurde. Luftpostbrief aus Peking von 1968.

Kompilationsunternehmungen, wie im 18. Jahrhundert das *Ssu-k'u ch'üan-shu*-Projekt und die Zusammenstellung des *Ku-chin t'u-shu chi-ch'eng*, dienten zugleich oft dem Zweck, die Literaten, und vor allem die führenden unter ihnen, durch Aufträge an die Auftraggeber zu binden, sie ins Brot zu setzen und auf diese Weise ihren Widerstand gegenüber der Regierung zu unterlaufen. Die „Freiheit des Geistes" ist also aufs engste mit den Publikationstechniken verknüpft, und dies gilt, wie das Beispiel Chinas zeigt, überall und bis in unsere Tage.

Anmerkungen

1. In memoriam Ulrich Stackmann (1957-1993). – Die im Jahre 1983 in London erschienene Schrift von Denis Twitchett, einem der bedeutendsten Sinologen der westlichen Welt und Kenner sowohl der Wirtschafts-, als auch der Kulturgeschichte vor allem der T'ang-Zeit (618-907), erscheint nun in deutscher Übersetzung. Wenn auch dem Thema in den letzten Jahren gelegentliche Aufmerksamkeit geschenkt wurde, so ist die Darstellung Twitchetts immer noch die beste Zusammenfassung. – Eine bisher in ihrer Art unübertroffene russische Darstellung von K. K. Flug aus dem Jahr 1959 hat Werner Seuberlich vorgestellt: „Ein neues russisches Werk zur Geschichte des chinesischen Buchdrucks der Sung-Zeit", in: H. Franke, Hrsg., Studia Sino-Altaica. Festschrift für Erich Haenisch zum 80. Geburtstag, Wiesbaden 1961, S. 183-186. – Für einige wertvolle Hinweise danke ich Dr. Achim Mittag, Bielefeld.
2. Zur Entwicklung von der Handschrift zum Buchdruck in Deutschland siehe u.a. Horst Albert Glaser (Hrsg.), Deutsche Literatur. Eine Sozialgeschichte, Band 2: Von der Handschrift zum Buchdruck: Spätmittelalter, Reformation, Humanismus 1320-1572, hrsg. von Ingrid Bennewitz und Ulrich Müller, Reinbek bei Hamburg 1991.
3. Siehe hierzu Frederick W. Mote, in: Howard L. Goodman, Hrsg., Calligraphy and the East Asian Book [= The Guest Library Journal, Bd. 2, 2], Princeton 1988, S.4.
4. Siehe hierzu auch Helwig Schmidt-Glintzer, Geschichte der chinesischen Literatur. Die 3000jährige Entwicklung der poetischen, erzählenden und philosophisch-religiösen Literatur Chinas von den Anfängen bis zur Gegenwart, Bern/München 1990, S.310.
5. Siehe Frederick W. Mote und Hung-lam Chu, „Handwritten Books After the Invention of Printing", in: Howard L. Goodman, op.cit., S.76-95.
6. Zu den in den ariden Zonen Zentralasiens und der Seidenstraße erhalten gebliebenen Handschriften siehe als Einführung meinen Beitrag „Dunhuang-Handschriften" in: Kindlers Neues Literatur Lexikon.
7. Daher ist es auch bezeichnend, daß in der Sung-Zeit, der Epoche der ersten Blüte des Buchdrucks, Kalligraphie und Epigraphie besonders intensiv gepflegt und Handbücher hierzu verbreitet wurden. Siehe Amy McNair, „The Engraved Model-Letters Compendia of the Song Dynasty", in: Journal of the American Oriental Society 114 (1994), S. 209-225.
8. Siehe dazu Helwig Schmidt-Glintzer, op.cit., S. 357.
9. Siehe *I-chien chih*, Peking 1981, S.464.
10. Siehe Susan Cherniack, „Book Culture and Textual Transmission in Sung China" in: Harvard Journal of Asiatic Studies 54 (1994), S. 5-125, hier S. 47.
11. Zitiert nach Chou Tzu-chih, Chu-p'o lao-jen shih-hua, in der Ausgabe: Pai-ch'uan hsüeh-hai, 2. Folge, 1930, 2.13a.
12. Siehe auch Jean-Pierre Drège, Les bibliothèques en Chine au temps des manuscripts (jusqu'au Xe sicle), Paris 1991.
13. Zur Tugend des Kollationierens siehe Susan Cherniack, op.cit., S.48; siehe auch Achilles Fang, „Bookman's Decalogue", in: Harvard Journal of Asiatic Studies 13 (1950), S. 149-151.
14. Vgl. Susan Cherniack, op. cit., S. 34 Anm. 66; dort finden sich auch die Angaben zu den Fundstellen.
15. Nicht ganz unähnlich bedeutete die Einführung der Schreibmaschine und vor allem des Personal Computers in der neueren und neuesten Zeit, daß dem Autor der Text unmittelbar „aus der Hand" genommen wird, mit Konsequenzen, deren Reichweite wir heute noch gar nicht überschauen. Es wäre eine für den Kulturmorphologen lohnende Fragestellung, danach Ausschau zu halten, wie diese „Entlastung" der Hand kompensiert wird oder ob sie nicht gar zu einer Verkümmerung führt. Die Kunst des 20. Jahrhunderts bietet, etwa im Tachismus, vielerlei Anhaltspunkte hierfür.
16. *Shih-lin yen-yü* 8.5a; vgl. *Wen-hsien t'ung-k'ao, Ching-chi k'ao* I, 174.1507b, *Ching-i k'ao* 293.3b; siehe auch die Übersetzung bei Susan Cherniack, S. 48f.
17. *Shao-shih shan-fang pi-ts'ung* 4.6a/b; auch zitiert in Yeh Meng-te, *Shu-lin yü-hua*, Peking 1957, S.11.; vgl. J. P. Drège, op.cit., S. 267.
18. *Chu-tzu y-lei* 10.10a; vgl. Daniel K. Gardner, Chu Hsi. Learning to Be a Sage, Berkeley 1990, S. 139f.
19. Siehe Susan Cherniack, op. cit., S. 55.
20. Zum Skeptizismus gegenber der Autorität der Textüberlieferung siehe Susan Cherniack, op.cit., S. 21 ff., und die dort angeführte Literatur.
21. *Shu-lin yü-hua*, S. 3. – Allerdings ist die Zuschreibung dieses Textes zu Su Tung-p'o zweifelhaft.
22. Siehe dazu meinen Beitrag „Traditionalismus und Geschichtsschreibung in China – Zur Maxime 'shu erh pu-tso'", in: Saeculum XXVIII,1 (1977), S. 42-52.
23. Hierzu siehe auch Susan Cherniack, op.cit., S. 79ff.
24. Zur Zensur in China siehe Hok-lam Chan, Control of Publishing in China, Past and Present, Canberra 1983; siehe auch Susan Cherniack, op.cit., S. 57ff.
25. Zur Geschichte einer der bedeutendsten chinesischen Privatbibliotheken siehe Ulrich Stackmann, Die Geschichte der chinesischen Bibliothek Tian yi ge vom 16. Jahrhundert bis in die Gegenwart, Stuttgart 1990.
26. Über Privatbibliotheken siehe auch Susan Cherniack, op.cit., S. 100-102.
27. Eine Studie zur Bedeutung regionaler Drucktraditonen siehe jetzt exemplarisch Sören Edgren, „Southern Song Printing at Hangzhou", in: Bulletin of the Museum of Far Eastern Antiquities 61, Stockholm 1989, S.1-212.
28. Der bürokratische Aufbau der Kaiserlichen Bibliothek wird beispielhaft dargestellt von John H. Winkelman, The Imperial Library in Southern Sung China, 1127-1279. A Study of the Organization and Operation of the Scholarly Agencies of the Central Government [= Transactions of the American Philosophical Society, New Series – Vol. 64, Part 8], Philadelphia 1974.